Sehen · Staunen · Wissen

GELD

Italien. Antike Bronzemünze der Stadt Hatra. 3. Jh. v. Chr.

Australien. 50 Cents 1970 (Kupfernickel)

Bolivien. 8-Scudo-Münze 1841. (Gold)

Indien. „Pagoden''. 17.-19. Jh. (Gold)

Indien. Mohur. 17. Jh. (Gold)

Ceylon (Sri Lanka). 10-Cent-Note 1942

Dschibuti (französische Kolonie). Banknote 20. Jh.

Antike römische Medaillen zeigen das Münzenprägen (unten) und den Geldhandel.

Antike griechische Silbermünze. Alexander der Große. 4. Jh. v. Chr.

Marokko. Zusammenhängende Bronzemünzen, wie sie aus der Gußform kamen. 19. Jh.

Transsylvanien (Siebenbürgen). 10 Dukaten (Gold). 17. Jh.

Mexiko. Spanische 8 Realen („*piece of eight''*) 1732

Sehen · Staunen · Wissen

UdSSR. Rubel 1967 (Kupfernickel)

GELD

Die faszinierende Geschichte der Zahlungsmittel – vom Silberbarren bis zur „intelligenten" Chipkarte

Text von Joe Cribb

Antike chinesische Hackenmünze (Bronze). 6. Jh. v. Chr.

USA. Zehndollarstück („*eagle*") 1797 (Gold)

Japanische Tempelnote. 19. Jh.

Thailand. Papiergeld. 1860er Jahre

Englischer Halfpenny 1665 (Messing). Scheidemünze

Sambia. Penny 1966 (Bronze)

Gerstenberg Verlag

Englischer Sovereign 1901 (Gold) und Waage aus Messing

Antikes griechisches
Silber: zerbrochene Münze,
Barren und Draht. Fund aus Tarent, Italien

Antike römische
Silbermünze. 3. Jh.
v. Chr.

Antike indische Gold-
münze. 1. Jh. n. Chr.

Australische
2-Dollar-Münze
1988 (Messing)

Türkei.
Osmanischer
Zeri-mahbub
(Gold). 18. Jh.

Antiker römischer
Goldbarren aus
eingeschmolzenen
Münzen. 4. Jh.

CIP-Titelaufnahme der Deutschen Bibliothek

Geld: die faszinierende Geschichte der Zahlungsmittel;
vom Silberbarren bis zur „intelligenten" Chipkarte /
Text von Joe Cripp. [Fotogr.: Chas Howson.
Aus d. Engl. übers. von Peter Schiller]. –
2. Aufl. – Hildesheim: Gerstenberg, 1997
(Sehen, Staunen, Wissen) Einheitssacht.: Money <dt.>
ISBN 3-8067-4418-1
NE: Cripp, Joe [Mitverf.]; Howson, Chas [Ill.]; EST

2. Auflage 1997
Ein Dorling Kindersley Buch
Originaltitel: Eyewitness Guides: Money

Projektleitung: Linda Martin
Lektorat: Sophie Mitchell, Sue Unstead
Layout und Gestaltung:
Richard Czapnik, Julia Harris, Anne-Marie Bulat
Fotografie: Chas Howson, Department of Coins und Medals,
The British Museum

Aus dem Englischen übersetzt von Peter Schiller.
Redaktionelle Bearbeitung der deutschsprachigen Ausgabe:
Margot Wilhelmi, Sulingen

Satz: Wittmann + Wäsch KG, Gehrden
Printed in Singapore
ISBN 3-8067-4418-1

Antikes chinesisches
Messergeld (Bronze).
3. Jh.
v. Chr.

Tonga. 1 Paanga 1977
(Kupfernickel)

Persischer
Silberdraht,
„Larin"-
Münze.
16. Jh.

Inhalt

Indien. 10 Paise 1964 (Kupfernickel)

Chinesische Münze als Amulett (Silber). 19. Jh.

Das ist Geld

Eine Welt ohne Geld ist für uns kaum vorstellbar; jedes Land hat sein eigenes Geld, und seine Geschichte reicht zurück zu den frühesten Schriftzeugnissen über menschliches Tun. Aber was ist das, was man Geld nennt? Die meisten Menschen verstehen darunter Münzen, Banknoten, Scheckkarten und Geld auf der Bank. Doch vor nicht allzu langer Zeit waren für einige Menschen Federn, Steine, Perlen und Muscheln (S. 8-9) Geld, weil sie diese Gegenstände für wertvoll hielten. Was uns dazu berechtigt, alle diese Dinge mit dem demselben Wort „Geld" zu bezeichnen, ist, daß sie anerkannte Zahlungsmittel sind. Das gilt auch für das Geld, das man nicht sehen oder anfassen kann – das Geld, das in den Computern der Banken gespeichert ist und genauso ausgegeben werden kann wie die Münzen und Geldscheine in der Tasche.

HEUTIGES GELD
Geldscheine, Münzen und Kreditkarten gibt es in verschiedenen Formen, Größen und Farben. Das alles nennt man „Geld", weil man damit bezahlen kann.

Das erste Geld

Es ist nicht genau bekannt, wann zum ersten Mal Geld benutzt wurde. Die ältesten Schriftquellen darüber stammen aus dem alten Mesopotamien (südlicher Irak) und sind 4500 Jahre alt. Alte mesopotamische Keilschrifttexte berichten von Zahlungen in abgewogenem Silber. Seitdem ist in vielen Teilen der Welt abgewogenes Metall als Geld verwendet worden. Das führte zur Erfindung der Geldmünzen (S. 10-11).

MESOPOTAMISCHES GELD
Die Inschrift auf dieser Tafel hält die „Preise" während der Regierung von Sin-Kasid von Uruk fest (1865-1804 v.Chr.). Danach war eine bestimmte Menge reines Silber, die man Schekel nannte, drei Maße Gerste, zwölf Minen Wolle, zehn Minen Bronze oder drei Maße Sesamöl wert. Eine Mine war ein Gewicht (436,6 g).

KEILSCHRIFT
Seit der Entzifferung der Keilschrift weiß man, daß im alten Mesopotamien mit Geld in Form von abgewogenen Silbermengen gezahlt wurde. Die Schriftzeichen oben erscheinen auf der Tafel.

GÄNSE-GEWICHT
Damit Silber genau abgewogen werden konnte, hatten die alten Mesopotamier amtlich hergestellte Gewichte. Das hier abgebildete wiegt ungefähr 30 Schekel. Eine Mine hatte 60 Schekel.

DIE GESETZE HAMMURABIS
Diese große Steinsäule zeigt einen Gott, der dem babylonischen König Hammurabi (1792-1750 v. Chr.) die Gesetze übergibt. Laut Gesetz 204 muß man zehn Schekel Silber zahlen, wenn man jemanden schlägt.

ÄGYPTISCHE WANDMALEREI
Diese ägyptische Wandmalerei (14. Jh. v.Chr.) aus einem Grab in Theben stellt das Abwiegen von Goldringen auf einer Balkenwaage dar. Die Ägypter benutzten Balkenwaagen und Gewichte zur Wertbestimmung kostbarer Metalle.

Goldklumpen

Silber war in dieser Form sehr praktisch, weil man es leicht in kleinere Stücke schneiden konnte.

Schwerer Silberbarren

ÄGYPTISCHER SCHATZ
Auch die alten Ägypter entwickelten ein Zahlungssystem mit abgewogenem Metall. Es gibt Berichte über Zahlungen in abgewogenem Gold, Silber und Kupfer. Weil das Gewicht den Wert bestimmte, waren Form und Größe unwichtig. Das Geld war so unterschiedlich geformt wie die Barren, Ringe und Stücke dieses Silberschatzes von El-Amarna aus dem 14. Jh. v. Chr.

STEINGEWICHT
Die Hieroglyphen auf diesem kleinen ägyptischen Steingewicht sind stark verrieben, aber sie besagen, daß das Gewicht zum Goldwägen benutzt wurde. Eine deutlichere Hieroglyphe für Gold zeigt eine ägyptische Goldmünze (S. 55).

Die Stellung des Fadens auf der Skala zeigte an, wieviel das Silber in der Schale wog.

Elfenbeinstab mit Skalenteilung

Das Bronzegewicht wurde entlang der Skala verschoben, bis der Elfenbeinstab waagerecht war.

AUF DER WAAGE
Obwohl es bei den Chinesen schon seit dem 6. Jh. v. Chr. Münzen gibt (S. 11), münzten sie bis in die 1930er Jahre kein Gold oder Silber, sondern wogen es ab. Offizielle Gewichte wurden zwar hergestellt, aber die Händler benutzten solche kleinen Handwaagen. Um anzudeuten, woher die Silberbarren stammten, wurden sie besonders geformt. Die untcn abgebildeten Barren aus dem 19. Jh. kommen alle aus dem Nordosten Chinas.

Der größte Barren wiegt ein Liang (eine Unze), der kleinste ein Zehntel Liang. Es gab auch Barren von 50 Liang.

Blumenmuster

„BLUMENSILBER"
Das einzige offizielle Geld in Burma im 18.Jh. war abgewogenes Silber. Es wurde meist in pfannkuchenförmige Scheiben gegossen. Aufgrund der Muster, die durch das Anblasen des erstarrenden Metalls durch ein Rohr erzeugt wurden, nannte man diese „Blumensilber".

Birmesisches Bronzegewicht

LÖWENGEWICHT
Alle amtlichen birmesischen Gewichte hatten die Gestalt von Tieren, z.B. von Elefanten, Enten, Stieren und Löwen. Wenn das Gewicht vom Beamten des Königs geprüft worden war, wurde eine sternförmige Marke aufgeprägt.

Merkwürdiges Geld

Schwer wie Stein oder federleicht – „Geld'' gibt es in den außergewöhnlichsten Formen. Die Gegenstände auf diesen Seiten erscheinen vielleicht sehr merkwürdig, aber für die Menschen, die sie verwendeten, waren sie durchaus nicht seltsam. In einigen Stammesverbänden zahlte man mit Dingen von anerkanntem Wert: mit Schmuckschnecken, Werkzeugen wie Hacken und Beilen, Nahrungsmitteln wie Salz und Getreide oder mit Stoffen (S. 54-55). Wie bei unserem Geld und bei den abgewogen Edelmetallen im alten Mesopotamien (S. 6) gab es bei den Stammesverbänden sehr genaue Regeln über den Wert und die Zahlung ihres Geldes. Es diente allgemein zum Bezahlen sozialer Pflichten wie Brautgelder, Löhne und Geldstrafen.

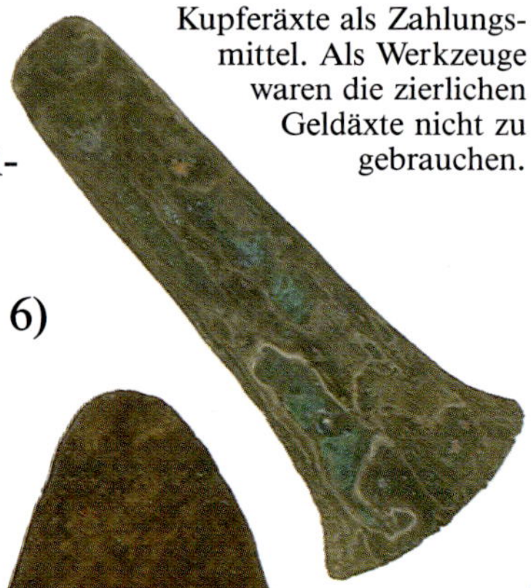

MEXIKANISCHE GELDAXT
Als die Spanier Mexiko eroberten (S. 39), dienten den Mexikanern Kakaobohnen und kleine Kupferäxte als Zahlungsmittel. Als Werkzeuge waren die zierlichen Geldäxte nicht zu gebrauchen.

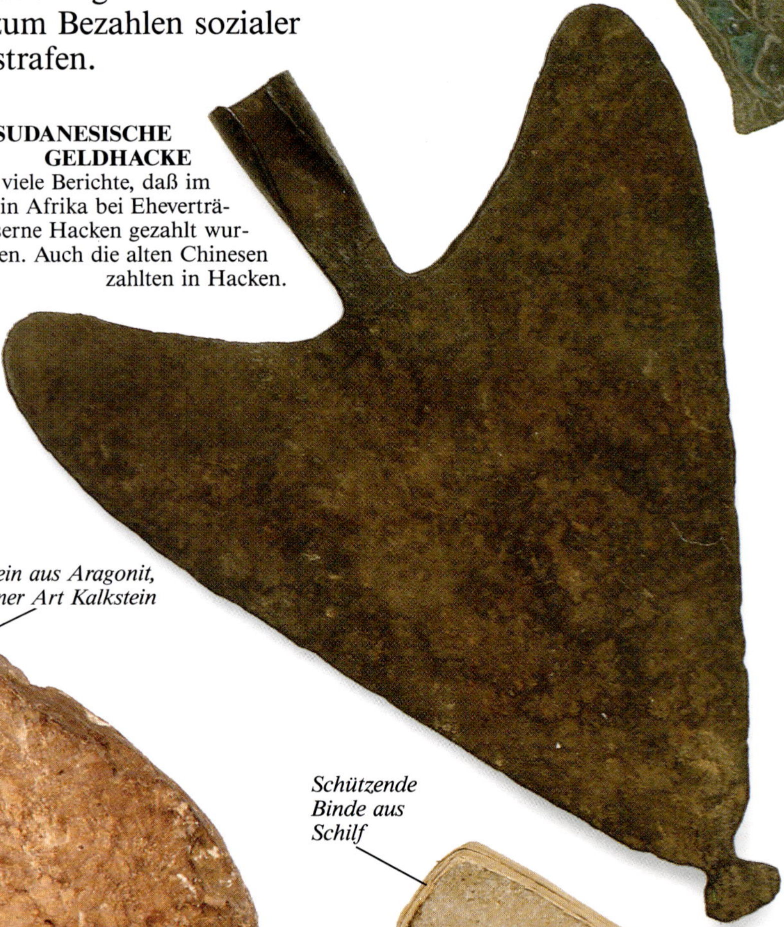

SUDANESISCHE GELDHACKE
Es gibt viele Berichte, daß im 19.Jh. in Afrika bei Eheverträgen eiserne Hacken gezahlt wurden. Auch die alten Chinesen zahlten in Hacken.

STEINGELD
Der Stein unten ist ein *kleines* Beispiel für die Steinscheiben, mit denen auf Jap, einer Insel im Pazifischen Ozean, soziale Pflichten und Strafen abgegolten wurden. Die größten Geldsteine messen bis zu 4 m im Durchmesser!

Stein aus Aragonit, einer Art Kalkstein

Schützende Binde aus Schilf

Afrikanische Rinderherde

ÄTHIOPISCHER SALZSTAB
Stäbe aus Steinsalz wurden in weiten Teilen Äthiopiens bis in die 1920er Jahre sowohl zum Kochen als auch als Geld verwendet. Die Stäbe wurden in Schilf gewickelt, damit sie nicht brachen. In anderen Gegenden Ostafrikas galten und gelten Rinderherden immer noch als Zeichen von Wohlstand und Rang.

SCHNECKENGELD
Die ältesten Berichte über Zahlungen mit Kaurischnecken stammen aus China und sind 3500 Jahre alt. Als das chinesische Schriftsystem entwickelt wurde, nahm man die Kauri als Symbol für Geld (rechts). Kauris wurden auch in Indien, in Thailand und in Afrika benutzt.

NIGERIANISCHER KUPFERRING
Als Manillen bezeichnete Kupferringe wurden im 15.Jh. in Afrika für Zahlungen verwendet. Bei den Ibos im Osten Nigerias wurden sie noch bis 1948 benutzt (S. 54).

Verzierung aus Kaurischnecken

FEDERGELD
Dieses „Geld" wurde aus winzigen roten Federn hergestellt. Sie wurden verleimt und in Rollen aus Pflanzenfasern geknüpft, die bis zu 10 m lang sein konnten. Sie wurden auf der pazifischen Insel Santa Cruz als Zahlungsmittel für Hochzeitsfeiern und zum Kauf seetüchtiger Kanus benutzt. Je leuchtender die Federn waren, desto wertvoller war die Rolle.

Perlen aus Schwertmuscheln

Rechteck, das vielleicht ein indianisches Dorf symbolisiert

WAMPUM
Dieses Schnürenband (Wampum) wurde von nordamerikanischen Indianern aus weißen und purpurnen Schwertmuscheln gefertigt. Frühe europäische Siedler berichteten, daß die Indianer die Wampums als Geld benutzten, meist um Abkommen zwischen Dörfern auszuhandeln. In Wampumgürteln waren oft Muster eingearbeitet. Bei diesem Band könnte jedes der drei „Quadrate" ein Indianerdorf dargestellt haben.

Salzstab

Die ersten Münzen

PRÄGEWERKZEUGE
Römische Münze mit antikem Prägestempel (oben), Amboß (Mitte), Prägehammer (rechts) und Zange (links)

Münzen sind Metallstücke mit einem Muster, das sofort erkennen läßt, daß es sich um Geld handelt. Die frühesten bekannten Münzen wurden im 7. Jahrhundert v. Chr. im Königreich Lydien (ungefähr das Gebiet der heutigen Türkei) hergestellt. Die Lyder benutzten als Geld abgewogene Stücke von Elektrum (einer Legierung aus Gold und Silber), denen zur Bestätigung ihres Gewichts und folglich ihres Zahlungswertes Bilder aufgeprägt wurden. Diesen Prägevorgang nennt man „Münzen". Die Form der Geldstücke war dabei unwichtig. Die Prägung bestand aus einem persönlichen Siegel oder Stempel der Person, die sich für das Münzgewicht verbürgte. Die Lyderkönige verwendeten einen Löwenkopf auf ihren Münzen. Dieses neue Geldsystem breitete sich rasch in Europa aus. Die Lyder waren die ersten, aber unabhängig davon kam man auch anderswo auf den Gedanken, Geld aus Metall zu vereinheitlichen: Kupferstücke im Süden des heutigen Rußland und Italien, Bronzewerkzeuge und Muscheln in China, Silberringe in Thailand und Gold- und Silberbarren in Japan.

LYDISCHE ELEKTRUMMÜNZEN
Das Gewicht des lydischen Geldes wurde in der Einheit „Stater" (etwa 14 g) gemessen. Es gab auch Bruchteile davon, sogar bis hinunter zu 1/96 Stater! Das Metallstück wurde auf ein graviertes Eisen gelegt und der Stempel mit einem Hammerschlag aufgeprägt. Diese Münzen (600 v. Chr.) tragen den Löwenkopf, das Zeichen der lydischen Könige.

PERSÖNLICHE SIEGEL
Die griechischen Buchstaben auf der Münze aus der heutigen Westtürkei (links) bedeuten: „Ich bin das Siegel des Phanes". Ähnlich ist das griechische Siegel des Mandronax (oben).

Karien, ca. 530 v. Chr.

Andros, ca. 525 v. Chr.

Keos, ca. 525 v. Chr.

Ägina, ca. 540 v. Chr.

Athen, ca. 540 v. Chr.

FRÜHE SILBERMÜNZEN
Die Idee des Münzgeldes ging von Kleinasien auf die ganze griechische Welt über. Innerhalb von 100 Jahren wurden sogar im entfernten Italien und Libyen Münzen ausgegeben. Die Prägungen auf vier dieser Münzen waren Zeichen der Münzstätten: ein Löwe für Karien, eine Vase, ein Kalmar und eine Schildkröte für die ägäischen Inseln Andros, Keos und Ägina. Der Käfer ist das Siegel einer athenischen Behörde. Diese Münzen wurden als Opfer an die Göttin Artemis (rechts) in das Fundament ihres Tempels in Ephesus (etwa 560 v. Chr.) vergraben.

Olbia. Delphinmünzen.
4. Jh. v. Chr.

Olbia. Runde Münze.
4. Jh. v. Chr.

GUSSMÜNZEN AUS KUPFER

Bevor das Münzwesen in der Stadt Olbia (heute Ukraine), in Rom und in anderen latinischen und etruskischen Städten (vor der Römerzeit) übernommen wurde, benutzte man abgewogene Kupferstücke als Geld, denen nach dem Vorbild griechischer Münzen Bilder aufgeprägt wurden. In Olbia waren die Kupferstücke meist rund, hatten aber manchmal die Form eines Delphins, vermutlich deshalb, weil Olbia am Schwarzen Meer lag.

Messerförmige Münze

Hackenförmige Münze

Münze in Kaurischneckenform

CHINESISCHE WERKZEUG- UND SCHNECKENMÜNZEN

Die ersten chinesischen Bronzemünzen (etwa 500 v. Chr.) hatten die Form der Gegenstände, die zuvor in China als Geld gedient hatten, d.h. von Werkzeugen und Kauris.

ELEFANTENGELD

In Rom blieben die frühen geprägten Güsse zunächst noch rechteckig. Der indische Elefant auf diesem Barren hier ist ein Hinweis auf die Kriegselefanten der griechischen Heere, die 280 v. Chr. in Süditalien einmarschierten.

SCHOGUN

Schogune waren schreckliche Feldherren, die Japan vom 12. bis zum 19. Jh. regierten.

THAILÄNDISCHE RINGMÜNZEN

Die Thailänder benutzten zunächst abgewogene Silberringe als Geld. Sie wurden im 17. Jh. durch Biegen und Hämmern zu Münzen umgearbeitet und mit amtlichen Prägemarken versehen.

Silbermünze (1601)

JAPANISCHE GUSSMÜNZEN

Im späten 16. und frühen 17. Jh. wurde durch Tokugawa Ieyasu, den Begründer des Tokugawa-Schogunats, das japanische Geldsystem neu geordnet (S. 52). Seine Gold- und Silbermünzen, zu Platten getrieben oder gegossen, ähnelten den vorher benutzten Güssen.

Goldmünze (1601)

Goldmünze (1818)

Das erste Papiergeld

Geldscheine sind zwar nur Papier, aber sie werden als Geld anerkannt, weil sie einen bestimmten Wert *darstellen*. Die Chinesen erkannten als erste den Vorteil des Geldes in Form von bedrucktem Papier. Im 10. Jh. gab die chinesische Regierung schwere Eisenmünzen von geringem Wert aus. Die Leute überließen dieses unhandliche Geld Kaufleuten, die ihnen dafür handgeschriebene Quittungen ausstellten, die dann als Zahlungsmittel verwandt wurden. Im frühen 11. Jh. zog die Regierung nach und druckte Quittungen als offizielles Geld. Um das System zu vereinfachen, erhielten die Quittungen einen bestimmten Wert.

KAUM ZU VERLIEREN!
Diese Banknote war ziemlich unhandlich für den täglichen Gebrauch. Die größte je herausgegebene Note maß 22,8 x 33 cm.

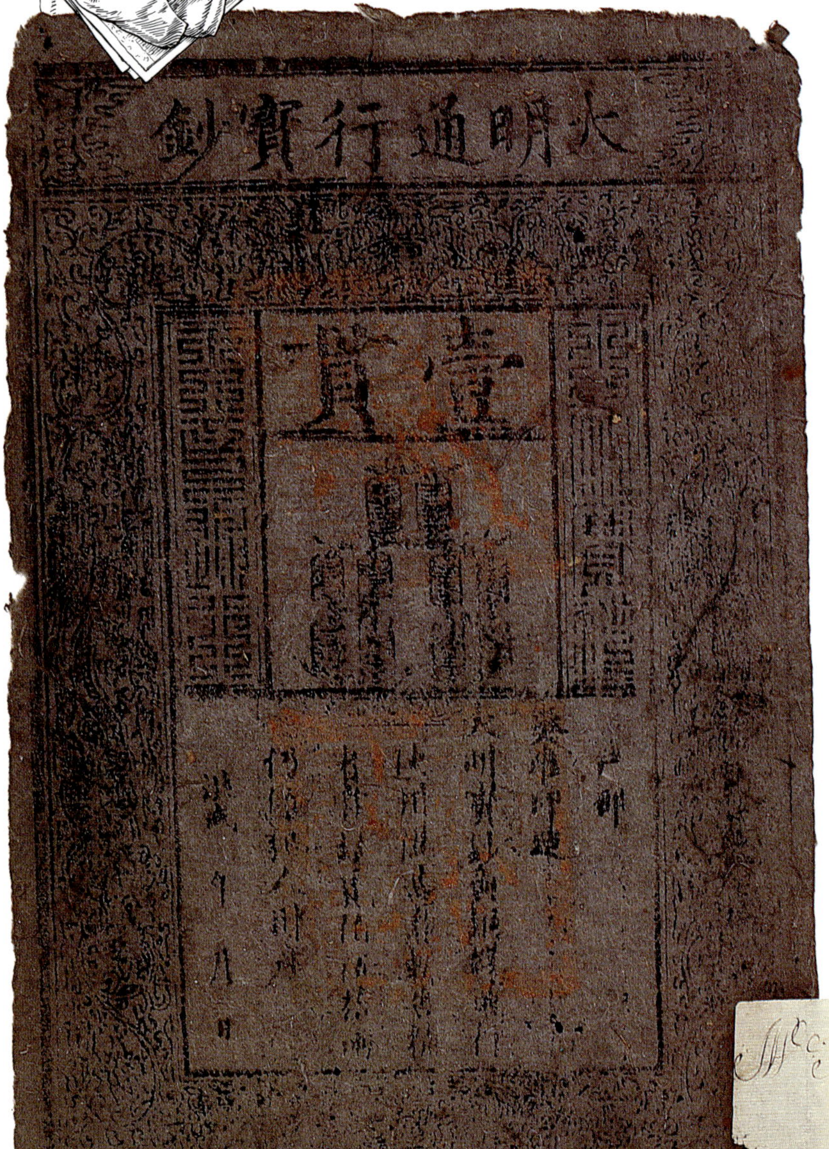

CHINESISCHES PAPIERGELD
In der Mitte dieser chinesischen Banknote des 14. Jh. steht die Zahl von 1000 Münzen, die sie darstellt. Die Münzen würden ungefähr 3,5 kg wiegen. Vielleicht waren die Chinesen deshalb die ersten, die Papiergeld benutzten!

JAPANISCHE BANKNOTE
In Japan breitete sich das Papiergeld im 17. Jh. aus. Die meisten japanischen Geldscheine wurden von Lehnsherrn und Tempeln ausgegeben.

Japanischer „Lesezeichen"-Geldschein. 1746

TEMPELGELD
Japanische Tempel wie dieser in Kioto arbeiteten wie Banken. Sie gaben ihr eigenes Papiergeld heraus.

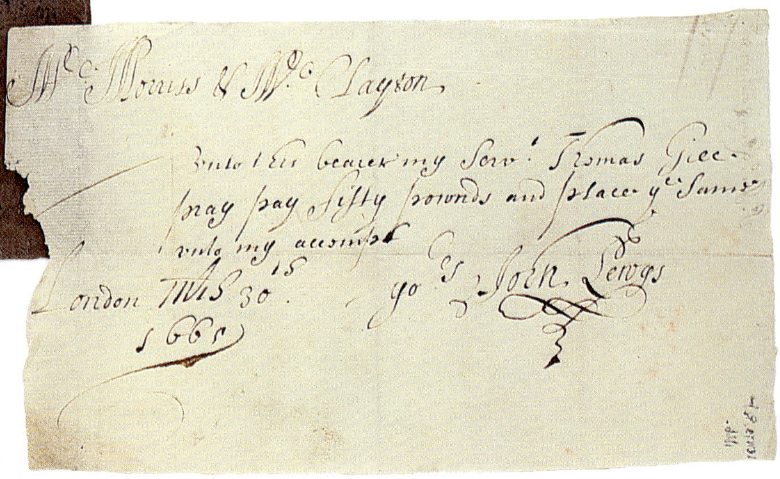

Mr Morriss & Mr Clayton

Unto this bearer my Servt Thomas Gee pray pay Fifty pounds and place ye same unto my accompt

London This 15 30 1665 yo John Lewis

ENGLISCHE ZAHLUNGSANWEISUNG
Lange bevor es in Europa amtliche gedruckte Banknoten gab, war handgeschriebenes Papiergeld in Gebrauch. Diese Note (1665) eines gewissen John Lewis beauftragte die Londoner Geldverleiher Morris und Clayton von seinem Geld 50 Pfund an seinen Diener auszuzahlen.

SCHWEDISCHE BANKNOTE

Als 1661 Silbermünzen knapp wurden, begann die schwedische Bank von Stockholm das erste Papiergeld in Europa zu drucken. Diese Note (1666) hatte einen Wert von 100 Talern (S. 44-45).

NORWEGISCHE HANDELSBANKNOTE

Nach dem schwedischen Vorbild brachte der norwegische Kaufmann Jorgen Thor Mohlen 1695 gedruckte Geldscheine in Umlauf. Er benutzte die eingetauschten Münzen zur Stützung seines Unternehmens.

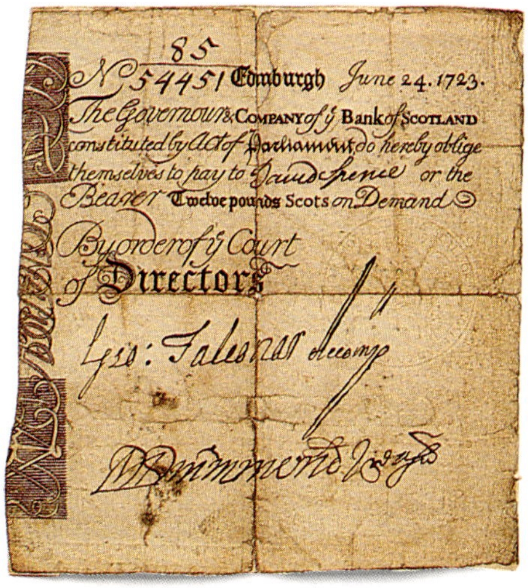

NOTE DER BANK VON SCHOTTLAND

Im späten 17. Jh. wurde erstmals in Großbritannien Papiergeld eingeführt. 1723 brachte die Bank von Schottland Papiergeld heraus. Zwölf schottische Pfund entsprachen einem englischen Pfund.

JOHN LAW

Der Schotte John Law führte Papiergeld in Frankreich ein.

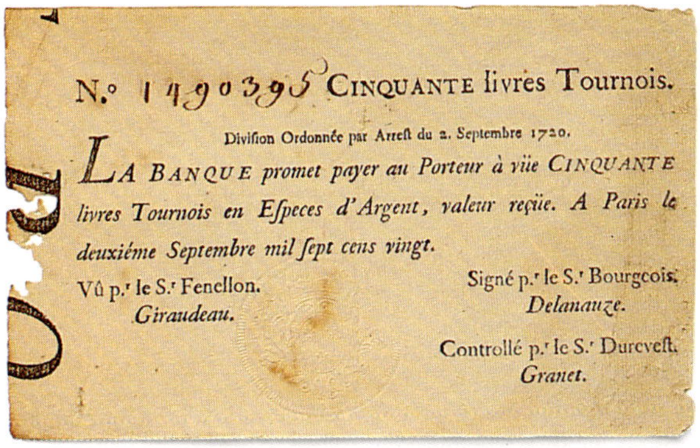

KÖNIGLICH FRANZÖSISCHE BANKNOTE

Der Schotte John Law führte das gedruckte Papiergeld in Frankreich ein. 1718 erhielt seine Bankfiliale in Paris vom König die Erlaubnis, Banknoten herauszugeben, die auf Silbermünzen ausgestellt waren. Die Bank druckte allerdings so viele davon, daß sie wertlos wurden.

GELDSCHEIN AUS NEW JERSEY

Als die britische Regierung ihre nordamerikanischen Kolonien nicht ausreichend mit Münzen versorgte, gaben die Kolonien ihr eigenes Papiergeld (*bills*) heraus (S. 28).

PÄPSTLICHER GELDSCHEIN

Diese Note des Heiligen Stuhls in Rom über 31 Scudi wurde 1786 unter Papst Pius VI. für den Vatikan herausgegeben. Die 1605 von Papst Paul V. gegründete Bank war Europas erste Staatsbank.

HANDELSBANKNOTE

Handelsbanken waren für die Ausbreitung des Papiergeldes sehr wichtig. Diese Note wurde 1954 in Hongkong von der Chartered Bank, einer Londoner Handelsbank mit Niederlassungen in allen Kontinenten, herausgegeben.

Ein Künstler macht Entwürfe.

Wie Münzen gemacht werden

Eine Münze entsteht, indem ein blankes Metallstück mit einem Relief, einem „Gepräge", versehen wird – dies nennt man „münzen" oder „prägen". Das Relief wird auf das Metall gebracht, indem es zwischen zwei harte Metalloberflächen, die Münzstempel, gepreßt wird. Dieses Verfahren wurde vor 2600 Jahren erfunden. Die Prägestöcke waren ein Amboß und ein Hammer, und die Reliefs wurden mit der Hand in den Amboß graviert (S. 10). Heute sind die Stempel Teil einer elektrischen Maschinenpresse. Mit solchen Maschinen werden auch die „Rohlinge" oder „Schrötlinge", die glatten Metallscheiben, hergestellt und die Reliefs in die Stempel geprägt. Die 1973 durch die englische Münzstätte geprägte Münze der Europäischen Gemeinschaft dient hier als Beispiel für moderne Münztechnik.

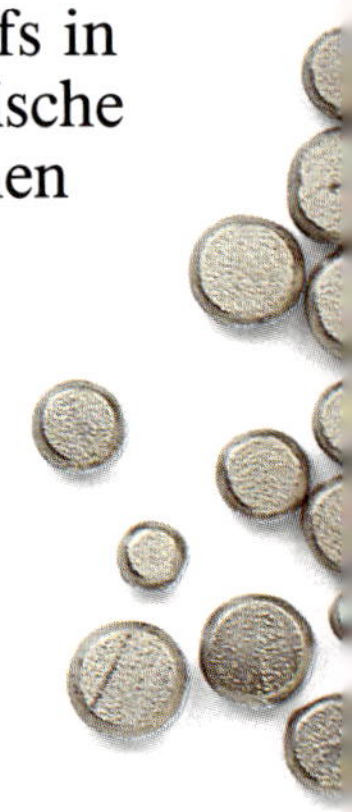

GIPSMODELL
Nach den genehmigten Entwürfen entsteht ein großes Gipsmodell. Die feinen Strukturen werden mit Metallwerkzeugen in den Gips geschnitten. Je feiner die Einzelheiten des Bildentwurfs ausgearbeitet sind, umso schwieriger ist es, die Münze zu fälschen.

GALVANOPLASTIK
Nach dem Gipsmodell wird eine Galvano oder Elektrotype genannte Druckplatte aus Metall (unten) angefertigt.

Galvano: harte Nickeloberfläche, Rückseite aus Kupfer

VERKLEINERUNGSMASCHINE
Über eine Stange ist eine Metallspitze, die die Konturen des Galvanos abtastet, mit einem Fräskopf verbunden, der eine verkleinerte Ausführung in einen Stahlstempel schneidet.

Die Maschine schneidet diesen Stempel.

Der Stempel (links) prägt das Bild auf die Mater.

Teil eines in Münzstätten verwandten Kupferbarrens („Massel")

In dieser Form kommt das reine Nickel in die Münzstätte.

KUPFERNICKEL

Die Münze der Europäischen Gemeinschaft von 1973 wurde aus einer Legierung aus reinem Kupfer und Nickel hergestellt. Kupfer ist preiswert, aber sehr weich, so daß es durch Zusatz von Nickel gehärtet wird. Diese Legierung eignet sich auch für Münzen mit höherem Nennwert, die man früher aus Silber herstellte, weil Kupfernickel silberfarbig ist.

Ein Barren aus Kupfernickel nach dem ersten Auswalzen

WALZMASCHINE

Das zu Barren gegossene Kupfernickel wird mehrmals ausgewalzt, bis es dünn genug ist.

Die Rohlinge werden durch Glühen in einem speziellen Ofen geschmeidig.

Die weichen Rohlinge werden in Säure gereinigt oder „gebeizt".

Die Münzenform wird maschinell ausgestanzt.

Der sogenannte „Zain" mit den Stanzlöchern

Der von einer Blechrolle abgeschnittene „Zain"

ROHLINGE STANZEN

In einer Stanze werden die Rohlinge aus einem Blech mit der richtigen Dicke ausgestanzt, geglüht und gereinigt. Dann sind sie bereit für die Münzpresse. Der Abfall wird für weitere Bleche wieder eingeschmolzen.

ENDERGEBNIS

Diese britische 50-Pence-Münze (Originalgröße) wurde 1973 aus Anlaß des Beitritts Großbritanniens zur Europäischen Gemeinschaft herausgegeben. Durch ihre ungewöhnliche Form ist sie schwer zu fälschen.

Das Endresultat

MÜNZPRESSE

Schließlich kommen die Schrötlinge in diese Presse, in die die Münzstempel für die Vorder- und Rückseite der Münze eingesetzt werden. Ohne diese hochentwickelten Maschinen ist es kaum möglich, Münzen nachzumachen.

Die Mater (links) prägt diese Patrize.

Die Patrize (links) ergibt diesen Münzstempel.

Wie Banknoten gemacht werden

Die Herstellung von Banknoten ist schwierig und teilweise geheim, weil das Fälschen möglichst erschwert werden soll (S. 18-19). Hier werden einige weniger geheime Arbeitsschritte in einem der berühmtesten Druckorte anhand eines Probedrucks dargestellt. Es geht dabei um die vier wichtigsten Schritte: Entwurf, Papierherstellung, Farbmischung und das Drucken. Bei diesem unterscheidet man drei Abschnitte: Lithographie, Gravur und Letterndruck. Alle diese Schritte sind für jede Banknote verschieden.

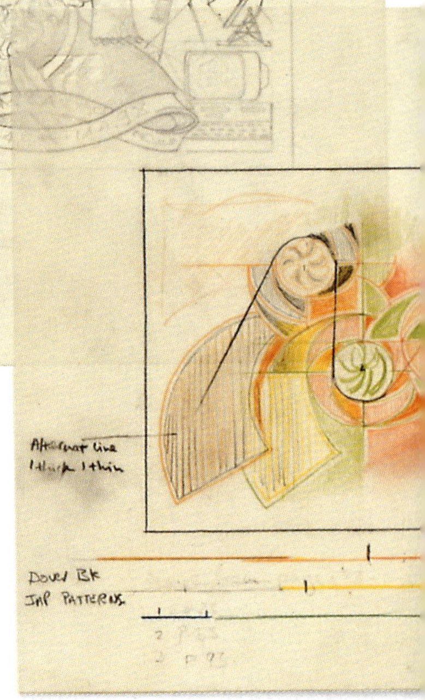

Mit einem Polierstahl wird die Oberfläche geglättet.

Mit zwei spitzen Graviernadeln wird die Zeichnung in die Platte gestochen.

LUPE
Der Stecher braucht eine Lupe für die feinen Einzelheiten des Entwurfs, die eine Fälschung erschweren.

SICHERHEITSFADEN
Dieser Faden aus Kunststoff (ursprünglich aus Metall) wird bei der Papierherstellung in das Papier eingearbeitet. Diese Tatsache stellt eine der Hauptschwierigkeiten für Fälscher dar.

GRAVIERTE DRUCKPLATTE
Die meisten Teile des Entwurfs werden von einer Stahlplatte gedruckt. Sie werden mit spitzen Sticheln von Hand seitenverkehrt gestochen. Nur die Vertiefungen werden später eingefärbt.

PROBEABZUG
Dies ist ein Probeabzug von der Druckplatte. Durch starken Andruck wird die Farbe aus den Vertiefungen gepreßt und steht dann leicht erhaben auf dem Papier, so daß man sie mit den Fingern fühlen kann. Einige Banken benutzen diese Druckart als Tasthilfe für Blinde (S. 35).

ERSTE SKIZZEN

Die linke Skizze des Künstlers zeigt die wichtigsten Bildteile, die Skizze unten Einzelheiten des farbigen Hintergrunds. Nachdem die Entwürfe angenommen worden sind, beginnen die Vorarbeiten für den Druck.

Blauer Abzug

Gelber Abzug

Roter Abzug

Mehrfarbendruck

LITHOGRAPHISCHE ABZÜGE

Der Hintergrund wird in sogenannter Offsetlithographie gedruckt. Die acht Druckfarben für diesen Schein umfassen drei Gruppen: blaue, rote und gelbe. Für jede Gruppe wird auf photographischem Weg eine Platte hergestellt. Die Farbe aller Platten wird auf einen Gummizylinder übertragen, der den zusammengesetzten Druck liefert. Die Probeabzüge oben zeigen die Einzeldrucke, die dann zusammen auf dem fertigen Druck erscheinen.

PAPIERHERSTELLUNG

Baumwollfasern machen die Banknoten reißfest, Wasserzeichen und Sicherheitsfaden fälschungssicher. Diese Abbildung zeigt die englische Papiermühle Portals im Jahre 1854.

FARBEN

Für diese Note wurden aus 22 Farben acht zusammengemischt, darunter zur Sicherheit unsichtbare und geheime, die eine Fälschung zusätzlich erschweren. Sie werden aussschließlich für Banknoten und andere wertvolle Dokumente verwendet.

NUMERIER-MASCHINE

Im letzten Schritt wird mit einer Maschine im herkömmlichen Letterndruck auf jede Note eine andere Seriennummer gedruckt. Diese Nummern sowie die Unterschriften können nicht in die Platte gestochen werden, weil sie sich ständig ändern.

DAS ENDERGEBNIS

Mit solchen Probestücken zeigt die Firma Thomas de la Rue den Kunden ihre neuesten Sicherheitsmaßnahmen gegen Fälschungen. Sie gehen sogar an so ferne Notenbanken wie die von Neuseeland, Nepal, Botswana und Peru, aber auch nach England, die britischen Kanalinseln und Europa.

Fälschungen

Überführte Fälscher landen meist im Gefängnis. Die Androhung schwerer Geldstrafen soll abschreckend wirken.

Geldfälscherei galt schon immer als ein sehr schweres Verbrechen. Früher wurde diese Tat mit Landesverweis, Handabschlagen, Kochen in siedendem Öl oder mit dem Tode bestraft. Heutzutage steht auf Geldfälscherei eine hohe Geldstrafe oder Gefängnis. Trotzdem verstoßen immer wieder Fälscher gegen das Gesetz. Getrieben von der Aussicht auf Gewinn versuchen sie, aus wertlosen Metall- oder Papierstücken etwas Wertvolles zu machen. Sie schaden damit nicht nur ahnungslosen Mitmenschen, sondern betrügen auch den Staat, der die Geldhoheit ausübt. Obwohl man sich in Münzstätten (S. 14-15) und Notendruckereien (S. 16-17) alle Mühe gibt, Fälschungen zu verhindern, versuchen Fälscher immer wieder, die Hindernisse zu überwinden, und riskieren damit im Falle einer Überführung hohe Strafen!

DUBLIERTE FÄLSCHUNGEN
Diese Kopien griechischer Münzen wurden anstatt aus massivem Gold aus goldplattiertem, „dubliertem“, Kupfer hergestellt. Als das grüne Kupfer zum Vorschein kam, waren die Fälschungen entlarvt.

ZINNDOLLAR
Diese chinesische Fälschung eines mexikanischen Silberdollars aus den 1930er Jahren besteht aus Zinnblech in einer dünnen dosenartigen Silberhülle.

KOPIEN
Diese Kopien eines neuen britischen 50-Pence-Stücks (aus Blei bzw. aus einer alten runden Münze) sollten diejenigen täuschen, denen die neue Münze noch nicht vertraut war.

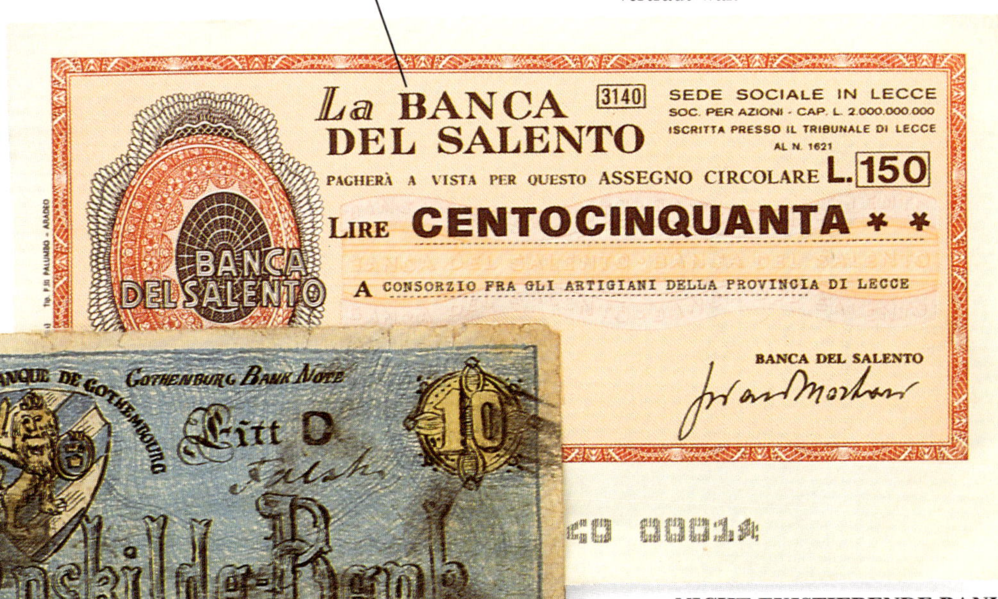

NICHT EXISTIERENDE BANK
Als um 1970 in Italien Kleingeld knapp war, gaben manche Banken dafür eigene Scheine heraus. Ein wackerer Fälscher druckte solche nach, allerdings im Namen einer Bank, die nicht existierte!

HANDGEMALTE FÄLSCHUNGEN
Dieser schwedische Zehntalerschein wurde 1868 von Hand kopiert – ein zeitraubendes aber zweifellos einträgliches Geschäft!

EIN VERGLEICH
Links eine Fälschung, ganz rechts das Original einer Note der Bank von Rom (beide verkleinert): sogar die Strafandrohung ist kopiert („Das Fälschen ist gesetzlich verboten.''). Doch die Fehler des Fälschers führten zur Entlarvung des Verbrechens. Wieviele sind zu erkennen?

Echtheitsprüfung

Um sich vor Verlust durch Falschgeld zu schützen, haben Kaufleute schon immer das Kaufgeld sorgfältig geprüft. Gold- oder Silbermünzen wurden angekratzt um festzustellen, ob sie durch und durch aus dem kostbaren Metall waren. Dazu gab es mehrere Methoden.

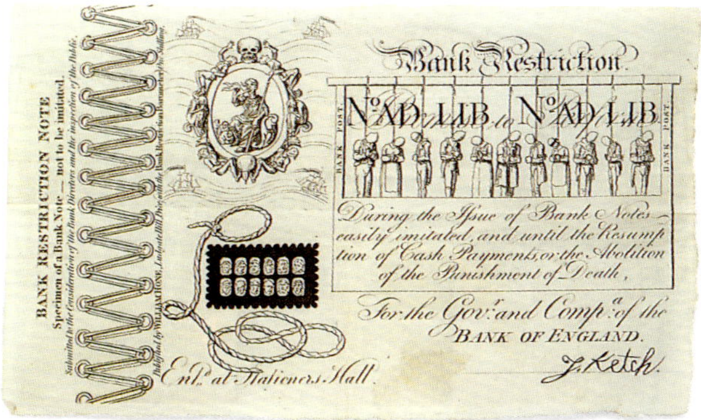

DER HENKERSTRICK
Diese Karikatur (verkleinert) in Form eines Geldscheins der Bank von England kritisiert die harten Strafen für Geldfälschungen. Sie zeigt das Sinnbild der Bank, die Britannia, als Kinderfresserin und das Pfundzeichen als Henkerstrick.

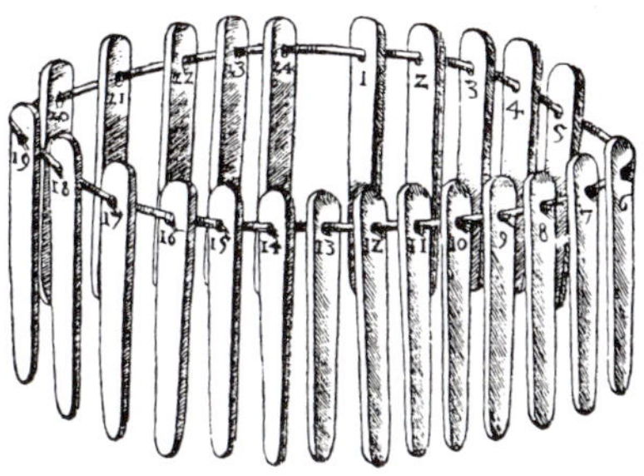

Goldmünze, 24 Karat

PRÜFSTEIN UND NADELN
Ein Kaufmann rieb eine Prüfnadel (oben) mit dem entsprechenden Goldgehalt am schwarzen Prüfstein ab und verglich damit die Spuren, die die Münze hinterließ. Diese Spuren stammen (von links nach rechts) von Gold mit 24, 9, 12, 15, 18 und 22 Karat.

Kerbe zum Prüfen, ob die Münze massiv ist

Portugiesische indische Münze von 1688

Griechische Silbermünze 5. Jh.

GEPRÜFTE MÜNZEN
Um sicherzugehen, daß eine Münze nicht dubliert war, kratzten Kaufleute in die Oberfläche. In die indische Münze wurden kleine Marken eingeschlagen.

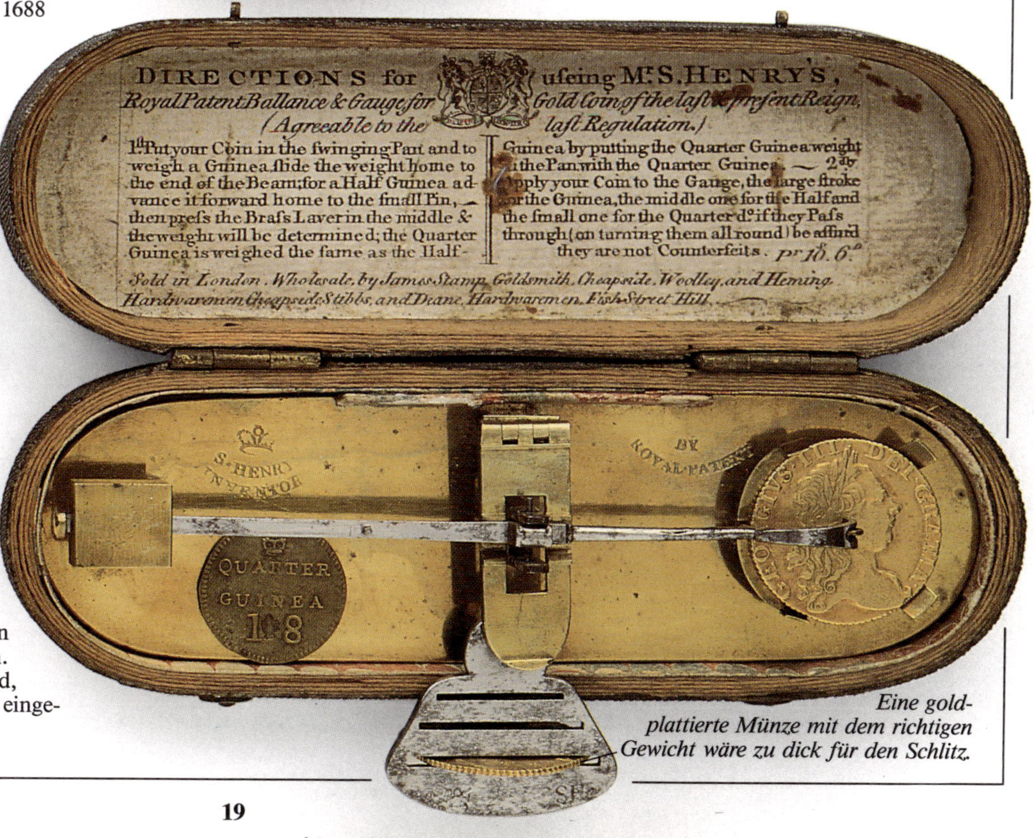

MÜNZWAAGE MIT GEWICHTEN
Dies ist eine britische Waage des 18. Jh. für Goldmünzen. Die verschiedenen Bronzegewichte (oben) aus dem 17. Jh. sind belgisch. Mit ihnen konnten aus Holland, Frankreich, England, Schottland, Italien, Portugal, Ungarn und Marokko eingeführte Münzen gewogen werden.

Eine goldplattierte Münze mit dem richtigen Gewicht wäre zu dick für den Schlitz.

Geld und Handel

Ob auf dem Weltmarkt, im Supermarkt oder beim Kaufmann um die Ecke – immer werden Waren gegen Geld abgegeben, überall ist Geld *das* „Tauschmittel'' für Käufer und Verkäufer. Als Geld noch aus kostbarem Gold und Silber bestand, wurden schwere Geldkisten um die ganze Welt transportiert, damit man Handel treiben konnte! Doch manchmal blieb das Geld selbst am Ort, und nur die Eigentumsrechte wurden auf dem Papier, mit sogenannten Wechseln, übertragen. Wechsel sind zwar immer noch in Gebrauch, aber meist werden heute internationale Geschäfte über Telefon und Computer abgewickelt (S. 58-59).

ÜBERALL EULEN
Die athenischen Silbermünzen (rechts) nannte man wegen ihrer Prägung „Eulen'', denn dieses Tier war das Zeichen der Göttin Athena. Athen, die reichste Stadt des antiken Griechenland, trieb mit der ganzen damals bekannten Welt Handel. Dieses Gepräge war so bekannt, daß viele Länder Münzen mit ähnlicher Prägung ausgaben.

HOLLÄNDISCHES MÜNZHANDBUCH
Im 16. Jahrhundert waren so viele ausländische Münzen im Umlauf, daß holländische Kaufleute sie anhand von Büchern identifizieren mußten. Die Seiten dieses Buchs aus Antwerpen von 1580 zeigen skandinavische Silbertaler (S. 42-45).

TAUSCHHANDEL
Tauschhandel wurde nachweislich schon vor 4500 Jahren in Ägypten getrieben. Auch der moderne internationale Handel ist oft bargeldlos: Traktoren werden gegen Obst getauscht, Getreide gegen Öl. Die Schwierigkeit besteht nur darin, zu entscheiden, wieviel Obst ein Traktor wert ist.

Kanada

Australien

Großbritannien

Westindien

PESOS
Der spanische Peso (8-Realen-Münze) wurde in Mexiko „Dollar" genannt. Mit dem umfangreichen Handel des spanischen Reiches wurden soviele davon exportiert, daß er in vielen Ländern als offizielle Währung galt, wenn auch leicht verändert. Diese Stücke hier kommen alle aus der spanischen Münzstätte in Mexiko. In China galt der Dollar bis in die 1930er Jahre als das Geld schlechthin (S.52).

Britisch-Westafrika

China

DOLLARNOTE
Die Länder Amerikas gaben auch nach dem Ende der spanischen Herrschaft Dollars für den Export nach China heraus. Dieser mexikanische Dollar wurde für eine britische Handelsbank gedruckt.

Chinesischer Goldbarren aus einem Schiffswrack

CHINESISCHES GOLD
Der spanische Silberpeso wurde im Handel mit China gegen Gold getauscht, aus dem dann in Europa Münzen geprägt wurden. Dieser Goldbarren wurde im Wrack eines Handelsschiffes gefunden, das auf dem Weg von China nach Europa war.

WECHSEL
Im internationalen Handel werden keine Münzen mehr benutzt, sondern es wird per Telefon oder schriftlich wie mit diesem Wechsel bezahlt. Ein Wechsel ist eine schriftliche Anweisung an eine Person oder Bank, einen bestimmten Betrag in einer festgelegten Währung zu einem angegebenen Termin an eine dritte Person auszuzahlen.

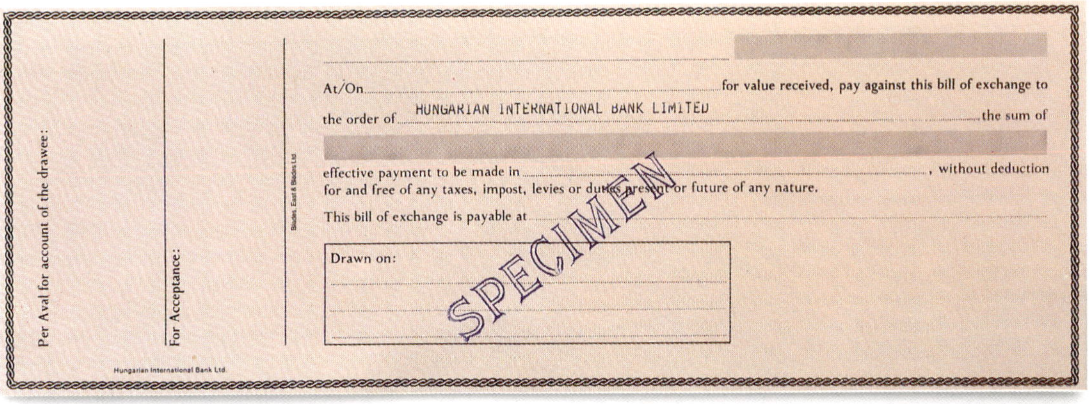

At/On .... for value received, pay against this bill of exchange to the order of HUNGARIAN INTERNATIONAL BANK LIMITED .... the sum of

effective payment to be made in ...., without deduction for and free of any taxes, impost, levies or duties present or future of any nature.

This bill of exchange is payable at ....

Drawn on:

SPECIMEN

Per Aval for account of the drawee:

For Acceptance:

Hungarian International Bank Ltd.

Kriegsgeld

Wie die Geschichte der Menschheit zeigt, gehören Geld und Krieg scheinbar zusammen. Viel Geld ist notwendig, um Kriege vorzubereiten, man benötigt es, um Waffen zu kaufen und Soldaten anzuwerben. Ein Söldner bekommt viel Geld, wenn er für einen fremden Staat kämpft. Die Kriegsnot führte in belagerten Städten und zahlungsunfähigen Staaten zu neuen Formen von Geld. So dienten zum Beispiel Zigaretten in Deutschland nach dem Zweiten Weltkrieg als „Währung''. Sehr oft sind Soldaten mit dem Versprechen angeworben worden, sie mit der zu erwartenden Kriegsbeute auszubezahlen.

ALEXANDER DER GROSSE
Diese (etwas vergrößerte) Silbermünze ließ Alexander 326 v. Chr. aus Anlaß des Sieges über einen indischen König prägen. Der König sitzt auf dem Elefanten.

BELAGERUNGSGOLD
Als die Spartaner 406 v. Chr. Athen belagerten, wurden die Silbermünzen (S. 20) knapp. Die Athener mußten für diese Münzen die Goldstatuen der Siegesgöttin einschmelzen!

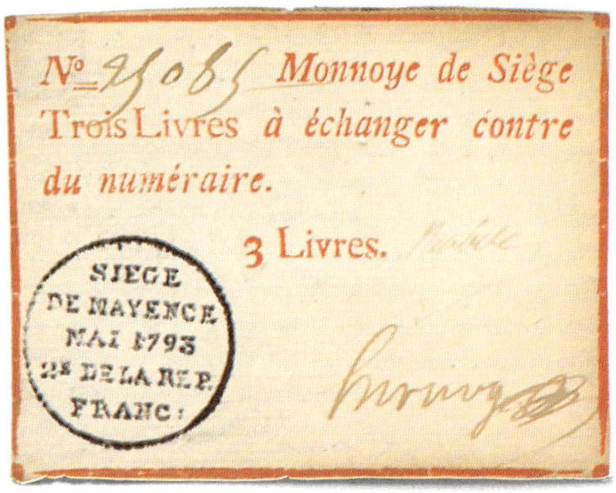

BELAGERUNGSNOTEN
Als ein preußisches Heer 1793 französische Revolutionstruppen in Mainz belagerte, gaben die Franzosen Notgeld mit französischem Nennwert in der Stadt aus.

Königstreue „Kavaliere'' im Kampf gegen aufständische „Rundköpfe'' im englischen Bürgerkrieg 1642-1648

KARL I. VON ENGLAND
Karl I. ließ diese Münze 1644 in Oxford prägen, als seine Gegner, die „Rundköpfe'', die Londoner Münzanstalt erobert hatten.

BELAGERUNGSSILBER
Als 1644 königstreue „Kavaliere'' in Scarborough Castle belagert wurden, prägten sie Münzen aus dem Tafelsilber. Jede Münze trägt einen Stempel mit dem Ausgabeort und dem Wert.

KONFÖDERATIONSGELD
1864 finanzierten die konföderierten Südstaaten den Amerikanischen Bürgerkrieg mit Banknoten, die zwei Jahre nach Kriegsende gegen Münzgeld eingetauscht werden sollten.

Konföderierte Truppen stürmen mit wehenden Fahnen eine Festung der Yankees.

Buren-
münzen

KRIEGSGELD DER BUREN
Im südafrikanischen Burenkrieg gaben Buren und Briten Notgeld wie dieses britische von 1900 aus Mafeking heraus. Nach dem Verlust von Pretoria und den Goldminen zogen sich die Buren zurück und ließen durch einen Hufschmied Pfundmünzen aus Gold schlagen.

KAMPFABZEICHEN DER BUREN
Sie zeigen den britischen Oberbefehlshaber Lord Roberts (oben) und einen Offizier, Oberst Baden-Powell, der in der südafrikanischen Stadt Mafeking das Belagerungsgeld herausgab und später die Pfadfinderbewegung gründete.

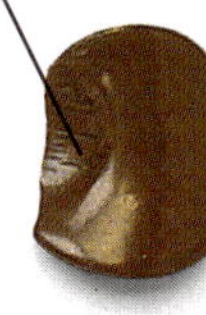

Einschlag einer Gewehrkugel

LEBENSRETTER!
Im Dreißigjährigen Krieg trugen viele Soldaten einen Georgstaler (oben links) bei sich, der sie vor Gewehrkugeln schützen sollte. In der Schlacht beim schottischen Culloden rettete ein kupferner Halfpenny einem Soldaten das Leben.

REVOLUTIONSNOTE
Mit solchen Scheinen über 10 Pesos besoldete 1900 das Schatzamt von Ocana in Kolumbien die Soldaten der Revolutionsarmee von General Urribe.

Inschrift: „Nov 9 1914 HMAS SYDNEY and SMS EMDEN"

KRIEGSBEUTE
Diesen mexikanischen Silberdollar mit Anhänger raubten Australier 1914 von einem deutschen Schiff.

„VON FRED FÜR NELLIE"
Im Ersten Weltkrieg gravierte ein britischer Soldat vor seinem Einsatz in Frankreich diese Münze als Andenken für seine Frau.

RAUCHEN ODER TAUSCHEN?
Am Ende des Zweiten Weltkriegs wurden neben Münzen auch Wertgegenstände wie Zigaretten, Nahrungsmittel und Kleidung als Geld benutzt. Leider gibt es dafür keine Preisliste in Form einer „Stele des Hammurabi" (S. 6)!

SOLD DER „WÜSTENRATTEN"
Im Zweiten Weltkrieg wurden alliierte Truppen in Libyen mit Lirescheinen, der Währung dieser ehemaligen italienischen Kolonie, besoldet.

GRIECHISCHES BESATZUNGSGELD
Diese Banknote gab die italienische Besatzungsarmee 1944 für die griechische Insel Rhodos heraus. Unter dem Bild der römischen Wölfin, die Romulus und Remus säugt, sind zwei Münzen des antiken Rhodos dargestellt.

Die Macht des Geldes

KÖNIG MIDAS
Die wohl bekannteste Geschichte über die Gier ist die von König Midas. Auf seinen Wunsch hin verwandelten die Götter alles, was er berührte, in Gold. Seine Freude währte nicht lange, denn auch sein Essen wurde zu Gold und schließlich sogar seine geliebte Tochter!

Man sagt, die Gier nach Geld sei die Wurzel allen Übels; Geizkragen lieben ihr eigenes Geld, Diebe das der anderen! Geld verleitet so manchen zum Verbrechen, obwohl es merkwürdigerweise Glück bringen soll, denn wer ist wohl glücklicher als einer, der viel hat? Mit Geld ist auch viel Aberglauben verbunden. Schon im Altertum glaubte man, daß Münzen böse Geister vertreiben, auf der Totenfahrt behilflich sein, Seuchen heilen, im Krieg beschützen und ewige Liebe bewirken können.

Silberschekel mit dem Bild des phönizischen Gottes Melkart

Die Wurzel allen Übels

Mord, Raub, Brandstiftung und Bestechung – wo Geld ist, da ist oft auch Verbrechen im Spiel. Geld an sich ist nichts Böses. Aber warum gibt es so oft zu Verbrechen Anlaß? Sind Habsucht und Neid, Armut und Not der Grund, oder glauben Verbrecher mit dem Geld auch das Glück zu besitzen, das sie vermissen?

MÜNZBESCHNEIDUNG
Vor der Erfindung der Prägemaschinen waren die Münzen nicht vollkommen rund. Man konnte ohne weiteres etwas vom Rand abschneiden und mit den Münzen dennoch bezahlen. Diese Spiralen wurden im späten 17. Jh. von englischen Silbermünzen abgeschnitten. Unter König Wilhelm III. (1689-1702) wurden die sogenannten „Kipper und Wipper" dafür in London hingerichtet.

HILFE ... PIRATEN!
Spanische Geldschiffe mit mexikanischen Silberpesos und Golddublonen für Europa (S. 38-39) waren die Hauptziele der Piraten. Sie vergruben oft die Schätze, um sich dann später in Ruhe ein gutes Leben zu machen.

Münzen des chinesischen Kaisers Kang Xi mit seinem Namen: er bedeutet Gesundheit und Wohlstand.

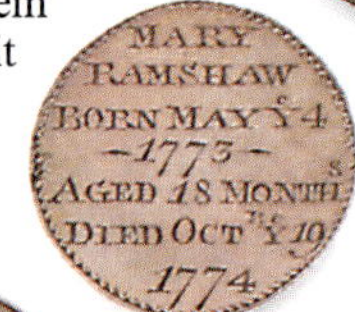

Andenken an ein Kind, das mit 18 Monaten starb

Ein Herz und Tauben als Zeichen der Liebe

LIEBESGABEN UND ANDENKEN
In England und Amerika tauschten junge Brautleute Liebespfänder aus (oben). Es gab auch Medaillions für Verstorbene (Mitte), für einen deportierten Strafgefangenen (unten) und für eine Geburt (rechts).

DREISSIG SILBERLINGE
Eines der bekanntesten Verbrechen der Menschheitsgeschichte, Judas' Verrat an Jesus, brachte 30 Silberlinge ein. Es soll sich um Silberschekel aus der phönizischen Stadt Tyrus gehandelt haben, denn im 1. Jh. befanden sich in Palästina nur diese Silbermünzen in größeren Mengen in Umlauf.

SIND SIE EIN GEIZKRAGEN?
Sparsamkeit ist gut (S. 56), aber wenn Sie weder für sich selbst noch für andere etwas ausgeben wollen, dann sind Sie zweifellos ein Opfer der Macht des Geldes geworden!

Rot ist eine chinesische Glücksfarbe

Schwert gegen den Dämon des Fiebers

HEILSCHWERT UND MÜNZEN
Dieses chinesische Schwert hing zur Abwehr böser Geister über dem Krankenbett. Ein münzenförmiges Amulett (oben rechts) hatte denselben Zweck. Englische Könige gaben kranken Untertanen eine Goldmünze mit heilender Wirkung (Mitte). In Deutschland glaubte man, Silbermedaillen (rechts) würden vor der Pest schützen.

Der Verstorbene bezahlt den Fährmann Charon für die Überfahrt.

Zauberkraft des Geldes

Es ist klar, warum Geld als Glücksbringer gilt. Reiche Menschen scheinen mit allem Glück gesegnet zu sein. Sie können sich alle materiellen Güter kaufen, die sie im Leben brauchen und wünschen. Daneben wird dem Geld oft aber noch eine magische, übersinnliche Seite zugesprochen. Bilder und Wörter auf Münzen sollten deren glückbringende Kraft verstärken.

FÄHRLOHN
Nach antikem griechischen Glauben legte man einem Toten eine Silbermünze, den „Obolos", in den Mund. Es war der Lohn für den Fährmann Charon, der den Toten über den Fluß Styx in den Hades fuhr. Diese Münze (links) ist im Mund eines persischen Toten gefunden worden.

Auf diesem Geldschein steht, er sei von der Bank der Hölle.

HEILIGE MÜNZEN
Dieses silberne, münzenförmige Amulett (oben links) trug ein Reisender zu Pferd. Es versprach ihm den Schutz des Hl. Georg. Indische Muslime trugen den Namen Mohammeds auf einer quadratischen Silberrupie (oben rechts) bei sich. Das Bild des Affengottes Hanuman auf der runden Silberrupie (rechts) beschützte Hindus.

Der Affengott Hanuman beschützt in Not Geratene.

HÖLLENGELD
Die Chinesen "überwiesen" ihren toten Vorfahren Geld, indem sie regelmäßig solche Banknoten verbrannten.

Eine Million Dollar!

KLEBRIGE SACHE
Diese schwarze 1-Penny-Marke kostet je nach Erhaltungszustand zwischen 400 und 8000 Mark, eine blaue Marke das Doppelte.

Was würden Sie mit dem Reichtum anfangen, wenn Sie plötzlich Millionär wären? Würden Sie sofort alles ausgeben, würden Sie sorgfältig Pläne schmieden – vielleicht über Anlagen für die Zukunft – oder würden Sie alles weglegen und nie etwas davon ausgeben? Wenn Sie versuchen würden, alles sofort auszugeben, würden Sie schnell feststellen, daß das schwieriger ist, als Sie vielleicht dachten! Als jugendlicher Millionär würden Sie vielleicht viel für modische Kleidung, Schallplatten, Computer, Stereoanlagen und Reisen aufwenden und immer noch eine stattliche Summe übrigbehalten. Vielleicht legen Sie eine Sammlung von Briefmarken, seltenen Drucken, alten Büchern, altem Spielzeug oder Münzen an.

Römische Münze des Kaisers Diokletian. 284-305 n. Chr.

England, Queen Anne. 1703 (aus einem erbeuteten spanischen Schatz geprägt)

Antike griechische Münze. Ca. 460 v. Chr.

SELTENE MÜNZEN
Oben links: römische Goldmünze. Oben rechts: Queen Anne, 5 Guineen (Gold). Unten: Griechenland, 10 Drachmen, antik (Silber). Diese drei Münzen sind Tausende von Mark wert, weil sie sehr selten sind. Doch man muß nicht unbedingt Millionär sein, um Münzen sammeln zu können (S. 60-61).

GELDBÜNDEL
Hier sind 10 000 Hundertdollarnoten – 1 Million Dollar. Als reichster Mann der Welt gilt der Sultan von Brunei. Sein Vermögen wird auf 25 Milliarden (25 000 Millionen) Dollar geschätzt.

Anzeigetafel mit den neuesten Kursen von fünf Währungen

ZUM ERSTEN, ZUM ZWEITEN, ZUM DRITTEN

In Auktionshallen wird viel Geld ausgegeben. Für das Gemälde, das auf diesem Foto versteigert wird, sind bisher £ 60 000 (DM 179 040) geboten, das entspricht $ 97 260 und damit fast einem Zehntel der links abgebildeten Million.

Moderne Jetons

MONTE CARLO

Für den, der um Geld spielt, kann der Nervenkitzel des Glücksspiels zur Sucht werden. Er träumt davon, sein Glück zu machen, auch wenn er verliert. Die Stadt Monte Carlo in Südfrankreich ist der vielleicht bekannteste Spielort für reiche Leute. Dies ist eine Spielmarke (Jeton) aus den 1930er Jahren über eine Million alte französische Francs.

Wie die Würfel fallen, kann über ein Vermögen entscheiden.

Mit Geschick und Glück wächst der Gewinn beim Kartenspiel. Hat man Pech, ist auf einmal alles wieder verloren.

EDLER WEIN

Bisher gibt es nur wenige, die das Sammeln alter Weine zu ihrem Steckenpferd gemacht haben. Eine Flasche des berühmten Chateau Lafitte, Jahrgang 1902, wird für 700 Mark versteigert. Weil aber das Risiko sehr groß ist, daß ein Wein dieses Alters völlig ungenießbar ist, lassen die Sammler die Flasche lieber zu. Allein der Besitz der Weins verschafft ihnen Genugtuung.

Die USA

Der Weißkopf-Seeadler, das Wappentier Amerikas

Die Währung der Vereinigten Staaten von Amerika sind der Dollar und der Cent. Münzen und Papiergeld wurden erstmals von Siedlern aus verschiedenen Ländern Europas eingeführt. Da England kein spezielles Geld für seine Siedler herausbrachte, benutzten diese stattdessen Tabak, Schnürenbänder (S. 8-9) und spanische Pesomünzen, die sie *„pieces of eight"* oder *„dollars"* nannten. Sie gaben auch eigenes Papiergeld (*„bills"*) heraus. Schon vor der Unabhängigkeitserklärung vom 4. Juli 1776 war der Dollar die allgemein anerkannte Währungseinheit. Die ersten US-Dollars waren Geldscheine, die *„Continental Currency bills"* von 1775! Silberdollars kamen 1794 dazu, seit 1862 wird der Dollar nur noch als Papiergeld herausgebracht. Er ist die am weitesten verbreitete Währung der Welt.

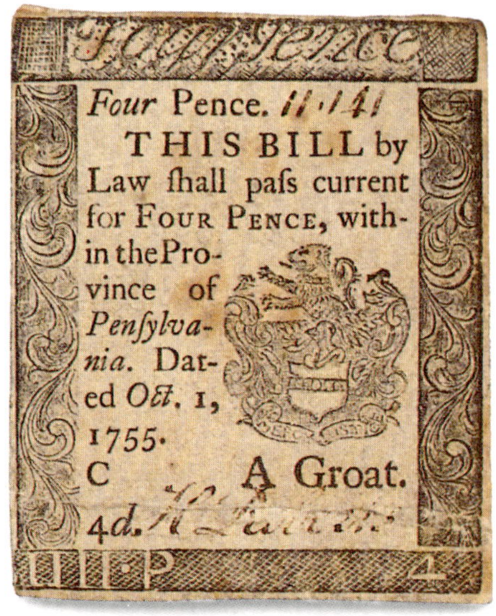

BRITISCHES KOLONIALGELD
Die britischen Siedler benutzten Getreide und Tabak als Geld und gaben eigene Münzen und Geldscheine in Pfund, Schilling und Pence heraus. Dies sind Schillinge aus Massachusetts von 1652 und ein Geldschein über vier Pence aus Pennsylvania von 1755.

DIE ERSTEN MÜNZEN DER USA
Die Vereinigten Staaten von Amerika prägen seit 1793 eigene Münzen. Dem Cent aus Kupfer von 1793 (oben rechts) folgte 1794 der Silberdollar (oben Mitte) und 1795 der *„Eagle"*, das goldene 10-Dollar-Stück (oben links). Der Cent war so groß wie der britische Halfpenny, der Dollar hatte die Größe des spanischen Peso.

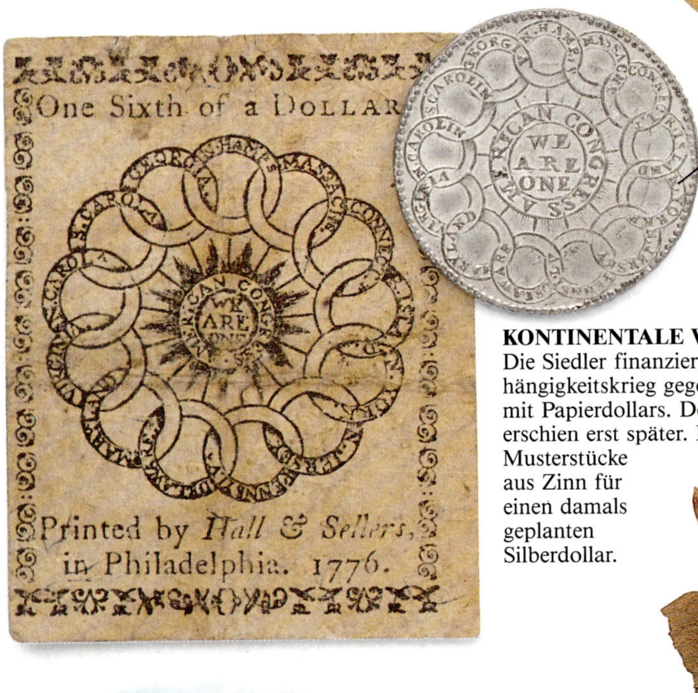

Diese Kette stellt die 13 gegen England verbündeten Staaten dar.

KONTINENTALE WÄHRUNG
Die Siedler finanzierten den Unabhängigkeitskrieg gegen England mit Papierdollars. Der Silberdollar erschien erst später. Es gibt aber Musterstücke aus Zinn für einen damals geplanten Silberdollar.

BLÄTTERGELD
Im 17. und 18. Jh. waren in Virginia und Maryland Tabakblätter ein offizielles Zahlungsmittel.

ZUTRITT VERBOTEN!
In Fort Knox in Kentucky lagern seit 1938 die Goldvorräte der USA. Das Gold in den Gewölben des bombensicheren Bauwerks aus Beton und Stahl wird von Soldaten mit Maschinengewehren bewacht.

3-DOLLAR-SCHEIN
Im 19. Jh. bestand das meiste Geld in den Vereinigten Staaten aus Papierdollars. Dieser Schein wurde 1837 von einer kleinen Bank in Ypsilanti im Staat Michigan herausgegeben.

SCHLANGESTEHEN
1929, nach dem Zusammenbruch der Börsen, fiel der Kurs des Dollars ins Bodenlose. Ende 1931 hatten 4000 Banken geschlossen. Viele Menschen waren arbeitslos und standen Schlange fürs tägliche Brot.

GOLDRAUSCH
1848 wurden in den kalifornischen Goldgräberstätten Goldstaub und Goldkörner als Geld benutzt. Im Goldgräberzentrum San Francisco wurden aus dem Gold Münzen wie diese 50-Dollar-Goldmünze von 1852 hergestellt.

Heutiges Geld

EISENHOWER-DOLLAR
Präsidentenporträts auf neueren Münzen: Eisenhower auf dem Dollar (rechts); Kennedy auf dem halben Dollar; Washington auf dem Vierteldollar; Roosevelt auf dem Zehncentstück, dem *„Dime"*; Jefferson auf dem Fünfcentstück (*„Nickel"*); Lincoln auf dem Cent.

JUBILÄUMSMÜNZE
Diese Münze wurde 1976 zum 200. Jahrestag der amerikanischen Unabhängigkeitserklärung herausgegeben.

25 c 10 c 5 c 1 c

EIN UNGELIEBTER DOLLAR
1979 wurden 441 Millionen Dollar mit dem Portät der der Frauenrechtlerin Susan B. Anthony ausgegeben, aber bald wieder aus dem Verkehr gezogen, weil die Münze unbeliebt war.

LAS VEGAS
In den „einarmigen Banditen", den Spielautomaten der Kasinos in Las Vegas in Atlantic City, befinden sich noch immer die alten Dollarmünzen.

Die abgebildeten Münzen nennt man in den USA *Quarter* (25 c), *„Dime"* (10 c), *„Nickel"* (5 c) und *„Penny"* (1 c).

Siehe Seite 62-63

Frankreich

SCHUTZHEILIGER DER MÜNZER
Im 7. Jh. arbeitete St. Eligius, der Patron der Münzmeister und Goldschmiede, in der Pariser Münze für die merowingischen Könige der Gallier. Auf diesem Glasfenster ist er bei der Arbeit dargestellt.

Das heutige französische Geld besteht aus Franc und Centimes. Das älteste bekannte Geld auf dem Gebiet des heutigen Frankreich sind griechische Silbermünzen, die vor fast 2500 Jahren in Massalia (Marseilles) geprägt wurden. Seit dem 2. Jh. v. Chr. hatten die Gallier, keltische Stämme auf dem Gebiet des heutigen Frankreich, Münzen nach griechischem Vorbild. Als die Römer Gallien eroberten, brachten sie ihre Münzen mit, die lange Vorbild für französische Münzen blieben, bis die fränkischen Könige mit dem Denier, einem Silberpfennig, die erste eigenständige französische Münze schufen. Der Franc, der 1360 als Gold- und 1577 als Silbermünze herauskam, wurde erst 1795 zur französischen Hauptwährung. Er ist es bis heute, aber sein Wert änderte sich oft infolge von Kriegswirren. 1960 kam der neue Franc im Wert von 100 alten Franc heraus.

Die griechische Göttin Artemis (S. 10)

GRIECHISCHE SILBERMÜNZEN
Im 5. Jh. v. Chr. gab es kleine Silbermünzen der griechischen Kolonie Massalia wie diese mit dem Widderkopf (oben). Die Siedlung war sehr reich, so daß ihre Silbermünzen von etwa 350 v. Chr. an auch in Gallien und in Norditalien umliefen.

KELTISCHES GOLD
Nach einer antiken griechischen Münze prägten die Kelten den Kopf des Gottes Apollo auf diese Goldmünze (100 v. Chr.).

Rückseite (Revers)

Vorderseite (Avers)

KELTISCHER KRIEGER
Diese Silbermünze mit dem lebensnahen Porträt eines keltischen Fürsten und seines Kriegswagens stammt aus der Zeit der römischen Republik. Sie entstand etwa 48 v. Chr., bald nachdem Julius Cäsar Gallien eroberte hatte.

Römischer Schiffsbug

RÖMISCH-GALLISCHE MÜNZE
„CIV" bedeutet „Colonia Iulia Viennensis" (Vienne, die Kolonie von Julius Cäsar). Diese Münze wurde um 36 v. Chr. in Vienne in Südfrankreich geprägt.

Ludwig XIV. wählte die Sonne als sein Symbol. Er hielt sich für den Mittelpunkt des Universums!

SILBERDENIER UND GROS
Karl der Große (742-814) gab diesen Denier (links) heraus. Der Denier, ein Silberpfennig, war von seinem Vater Pippin geschaffen worden und bis zur Einführung des Silbergros (rechts) durch Ludwig IX. im Jahre 1266 praktisch die einzige Währungseinheit im Reich der Franken.

PHILIPPE „LE BEL"
Philipp IV. der Schöne (*„le bel"*) regierte von 1285 bis 1314. Dieser Titel gebührt auch dieser prächtigen Goldmünze! Vor der Zeit Philipps waren Goldmünzen sehr selten.

„LUD" steht für „LUDOVICUS", der lateinischen Form des germanischen „Chlodwig".

SILBERÉCU
Seit Franz I. (1515-1547) erscheinen auf Münzen Porträts der französischen Könige. Auf diesem Écu ist es der berühmte „Sonnenkönig" Ludwig XIV. In der neuen Währungseinheit ECU (*„European Currency Unit"*) der Europäischen Gemeinschaft lebt der Name wieder auf.

Der *„Sol"* wurde volkstümlich *„sou"* genannt.

PAPIERGELD DER REVOLUTION

Während der Französischen Revolution wurde zwischen 1790 und 1793 Papiergeld, sogenannte „Assignate" (links), gedruckt. Vorher waren Münzen wie die links abgebildeten im Umlauf, deren wechselndes Gepräge die jeweilige politische Situation widerspiegelt. 1795 wurde der Franc die Hauptwährung.

Ludwig XVI., 5 Livre von 1792, dem Jahr seiner Hinrichtung

5 Franc, 1795. Das Porträt des Königs ist durch die Figuren des Herkules, der Freiheit und der Gleichheit ersetzt.

Seit Napoleon Bonaparte 1802 Konsul der Republik geworden war, erschien sein Porträt auf Münzen. 1804 wurde er Kaiser.

WERTLOSES GELD

Weil viel zu viele Assignate gedruckt wurden, verloren sie an Wert. 1796 wurden die Druckpressen zerstört und die Scheine verbrannt.

Erste Republik, 1792-1804

Zweite Republik, 1848-1852

Dritte Republik, 1871-1940

Vierte Republik, 1945-1958

Fünfte Republik, seit 1958

FÜNF MARIANNEN

Von 1793 an wurde ein Frauenkopf, das Symbol der Revolution, auf die Münzen geprägt. Man nannte sie im Volk „Marianne". Sie trägt meist die phrygische Mütze oder einen Kranz in vielen verschiedenen Formen. Diese fünf Münzen stammen aus den fünf Republiken.

Heutiges Geld

Platz für das Wasserzeichen

ORTSGELD

Im Ersten Weltkrieg und einige Jahre danach gaben Handelsgesellschaften kleinere Münzen und Noten mit örtlich begrenzter Gültigkeit wie diesen 50-Centimes-Schein aus Grenoble aus.

GEDENKMÜNZEN

Häufig werden Gedenkmünzen in Umlauf gebracht. Dieser Franc von 1988 erinnert an den 30. Jahrestag der Wahl von Charles de Gaulle zum Präsidenten.

10 F 5 F 2 F
1 F 50 c
20 c 10 c 5 c

Siehe Seite 62-63

Deutschland

Ein Münzmeister beim Auswiegen von Münzen (Stich aus dem 16. Jh.)

Die Währung Deutschlands ist die Mark, geteilt in 100 Pfennige. Sie wurde 1871 mit der Gründung des Deutschen Reichs durch den preußischen König Wilhelm I. geschaffen. Vorher war die Mark eine Gewichtseinheit, und die Währungen hießen Taler, Gulden und Dukaten. Aber der Pfennig hat eine längere Geschichte, denn so hießen schon die deutschen Silbermünzen im 11. Jahrhundert. Vor der Reichsgründung hatten alle deutschen Königreiche, Staaten und Städte eigene Währungssysteme vergleichbar mit denen der Nachbargebiete im heutigen Polen, Tschechien, der Slowakei, Österreich und der Schweiz.

RÖMISCHES GOLD
Diese große Goldmünze wurde in Trier für die Soldaten des römischen Kaisers Konstantin I. geprägt. Während der Kaiser von der Siegesgöttin gekrönt wird, kniet Britannia vor ihm.

Konrad II. von Burgund (1024-1039)

SILBERPFENNIGE
Die Gestaltung früher Pfennige wie des oben abgebildeten war von Frankreich und England beeinflußt. Im 12. Jh. erschienen eigenständige deutsche Pfennigmünzen, die größer und dünner waren. Die Münze links gab Kaiser Friedrich I. Barbarossa (1152-1190), die rechts Otto I. von Brandenburg (1157-1184) heraus.

Holzschnitt, 15. Jh., Schweiz. Münzmeister bei der Arbeit.

Rheinische Pfalz. Johannes der Täufer.

Trier. Hl. Petrus.

Basel. Muttergottes.

GOLDGULDEN
Seit dem 14. Jh. wurden vermehrt Goldmünzen in der Größe des italienischen Florin geprägt (S. 36).

FRIEDRICH DER GROSSE
Der Preußenkönig Friedrich (1740-1786), der Philosoph auf dem Thron, stellte das Münzsystem auf Taler und Pfennig um. Dieses Berliner Goldstück von 1750 war zehn Taler wert.

Joachimstaler (Guldengroschen) des Grafen Stephan von Schlick 1519 (Silber).

SILBERTALER
Die Entdeckung großer Silbervorkommen in Joachimstal in Böhmen im 15. Jh. führte zum Erscheinen neuer, großer Silbermünzen, den Joachimstalern, kurz: Talern. „Dollar" ist die englische Form des Wortes Taler. Das Silber der böhmischen Minen wurde nach ganz Westeuropa exportiert.

Johann Wilhelm, Herzog von Sachsen. Taler 1569.

Gottes Arm krönt das Pferd.

Das über die Silberminen springende Pferd ist das Wappentier von Lüneburg.

Christian Ludwig, Herzog von Braunschweig-Lüneburg. 4 Taler 1622.

FÜNFMARKSCHEIN
Nachdem Wilhelm I. von Preußen 1871 deutscher Kaiser geworden war, vereinheitlichte er das deutsche Geldsystem und stellte es auf die Mark um.

BERGE VON GELD
1923 brach das deutsche Währungssystem zusammen, und Banknoten wurden wertlos. Eltern gaben ihren Kindern ganze Bündel davon zum Spielen!

Eisenmünzen

GEMEINDEWÄHRUNG
Während und nach dem Ersten Weltkrieg gaben einzelne Gemeinden Münzen mit geringem Nennwert heraus.

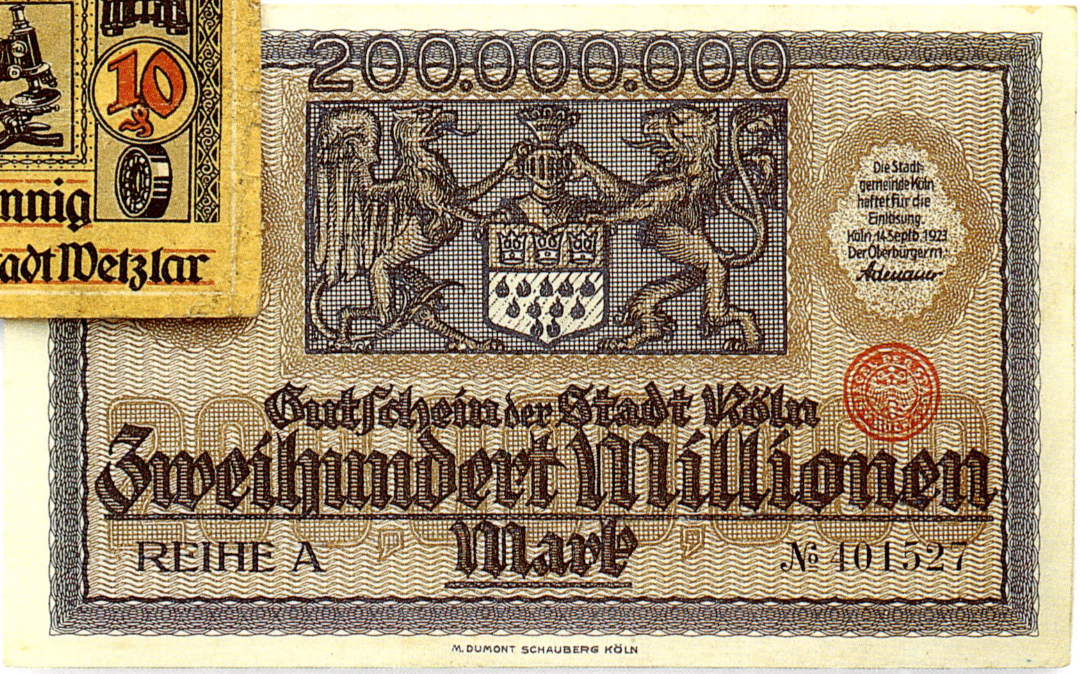

LAUTER NULLEN
Nach dem Ersten Weltkrieg verlor die Mark ständig an Wert. Deswegen gaben die Banken Scheine wie diesen aus Köln über 200 Millionen Mark heraus. Mit so vielen Nullen umzugehen, muß für die Bankangestellten ein hartes Geschäft gewesen sein.

OSTDEUTSCHER GROSCHEN
Von 1948 bis 1990 hatten West- und Ostdeutschland getrennte Währungen. Auf der Rückseite ostdeutscher Münzen wie dieses 10-Pfennig-Stücks sind „Arbeiter" (Zahnrad) und „Bauern" (Kornähre) symbolisch dargestellt.

Prägung mit Zahnrad und Kornähre

Scheine bis 1995

Heutige Münzen

10 Pf 50 Pf 1 DM 2 DM 5 DM

Siehe Seite 62-63

Die Niederlande und Belgien

Quinten Massys: Der Geldwechsler und seine Frau. Detail. Flämisch, 1514. Louvre.

Die modernen Währungen der Niederlande und Belgiens wurden geschaffen, als die Länder Königreiche wurden. 1815 behielt das Königreich der Vereinigten Niederlande, das damals noch Belgien umfaßte, die alte Währung, den Gulden, zwar bei, teilte ihn aber in 100 Cent. Das neue Königreich Belgien übernahm 1830 bei seiner Unabhängigkeit von den Niederlanden den Franc von Frankreich, dem Land, das unter Napoleon beide Länder regiert hatte. Die Kelten waren die ersten, die im 2. Jh. v. Chr. in diesem Gebiet das Münzwesen einführten, das dann unter den Römern, Deutschen, Franzosen, Spaniern und Briten weiterentwickelt wurde. Seit dem 13. Jh. waren in diesen beiden Ländern, Zentren des internationalen Handels, viele ausländische Münzen in Umlauf.

BELGISCHES GOLD
Dies ist eine der ältesten Münzen auf dem Gebiet Belgiens, geprägt von dem keltischen Stamm der Nervier. Man fand sie auch auf niederländischem Gebiet.

MEROWINGISCHES GOLD
Auf der frühesten niederländischen Münze, einem merowingischen Goldstück, steht der Name der Münzstätte DORESTAT (Duurstede).

Burgund. Goldstück von Philipp dem Guten (1419-1467)

Holland, Rudolph of von Utrecht (1423-455). Dukaten (Gold)

Belgien, Adolf Bischof von Liège (1313-1344). Groschen (Silber)

EIGENE MÜNZEN
Vom 11. bis 16. Jh. wurden in Belgien und den Niederlanden viele Gold- und Silbermünzen geprägt, besonders von den Herzögen von Burgund. Aber auch die Kirche, der Adel und die Städte gaben eigene Münzen heraus.

BELAGERUNGSGELD
Diese Münzen sind Notgeld von Städten, die seit 1568 in den Aufstand der Vereinigten Holländischen Provinzen gegen Spanien verwickelt waren.

Leiden. Die Pappmünzen wurden 1574, während der Belagerung durch die spanische Armee ausgegeben.

Silbermünze des Gouverneurs von Amsterdam. 1578, während des Angriffs der Holländer.

Der holländische Löwe. Gegenstempel Wilhelms von Oranien auf spanischen Münzen. 1573.

Pfeilbündel als Zeichen der Vereinigten Holländischen Provinzen

SPANISCH ODER FREI?
Diese beiden holländischen Goldmünzen kommen aus der Münze des Herzogtums Geldern. Die linke gab der spanische König Philipp II. 1560 heraus, die rechte prägte das unabhängige Geldern 1616 im Namen der Vereinigten Provinzen.

HERZOG VON LEICESTER
Er unterstützte im Auftrag von Königin Elisabeth I. von England den Aufstand Hollands gegen Spanien. 1586 versuchte er eine Neuordnung des holländischen Münzwesens.

DER HAFEN VON AMSTERDAM
Im 16. Jh. lebten viele reiche Kaufleute in Amsterdam, einem der größten Handelszentren der Welt. Die Stadt ist von über 40 Kanälen mit über 400 Brücken durchzogen.

Isabella und Erzherzog Albrecht von Österreich

GOLDGULDEN
1598 übergab Philipp II. von Spanien die holländischen und belgischen Gebiete an seine Tochter Isabella und ihren Mann, Erzherzog Albert von Österreich. Dieses Goldstück stammt aus Brüssel, 1618.

Dieser holländische *„Daalder"* (Taler) ist eine Nachbildung des spanischen Peso aus Mexiko.

HANDELSGELD
Zahlreiche Geldarten wurden für das Holländische Reich geprägt. Dieser Silberdaalder wurde 1601 in Amsterdam für den Handel mit dem Fernen Osten geschaffen, die barrenförmige Kupfermünze 1785 in Ceylon. Den Guldenschein gab die Bank von Java in Holländisch Ostindien 1920 heraus.

DER KONGO
Der Kongo war die einzige Handelsstraße in Belgisch-Kongo.

KONGO-FRANC
1885 wurde der belgische König das Staatsoberhaupt des belgischen Kongo, heute Zaïre, in Zentralafrika. Dieser Franc aus Kupfernickel (1922) wurde für den Kongo in Brüssel geprägt.

BELAGERUNGSGELD
In den napoleonischen Kriegen wurden Belgien und die Niederlande von Frankreich regiert. Das „N" steht hier für Napoleon, dessen Anhänger 1814 in Antwerpen belagert wurden.

Französische Münze

Flämische Münze

ZWEISPRACHIGE MÜNZEN
Weil Belgien zwei Amtssprachen hat, Französisch und Flämisch, werden zwei verschiedene Münzsätze herausgegeben. Früher waren manche Münzen in beiden Sprachen beschriftet.

BELGISCHES KRIEGSGELD
Im Ersten Weltkrieg war im besetzten Belgien besonderes Notgeld in Umlauf. Es konnte nur bis drei Monate nach Kriegsende in die amtlich gültigen Noten der Nationalbank umgetauscht werden. Diese 1-Franc-Note kam 1917 heraus.

Leopold I. von Belgien

Wilhelm III. der Niederlande

KÖNIGLICHES GOLD
1814, nach dem Sieg über Napoleon, schlossen sich Belgien und die Niederlande zum Königreich der Vereinigten Niederlande zusammen. 1830 gründete Belgien ein eigenes Königreich. Beide Staaten gaben Münzen mit den Porträts ihrer Könige heraus.

Heutiges Geld: Belgien

Abbildung mit Genehmigung der belgischen Nationalbank

Erhabene Markierungen zum Tasten für Blinde

20 bfr 10 bfr 5 bfr

Heutiges Geld: Niederlande

5 hfl 1 hfl 25 ct 5 ct

Siehe Seite 62-63

Italien

Als Viktor Emanuel II. Mitte des 19. Jh. König von Italien wurde, wurde die Lira zur italienischen Nationalwährung. Das Wort kommt vom lateinischen *libra*, der Gewichtseinheit für das römische Kupfergeld. Bevor die Römer Geld benutzten, zahlten sie mit Vieh und abgewogenem Kupfer. Im 3. Jh. v. Chr. übernahmen sie das Münzwesen von den griechischen Städten in Süditalien und Sizilien, wo es schon über 200 Jahre in Gebrauch gewesen war. Die Gestaltung früher römischer Münzen ist von den Münzen und den geprägten Kupferbarren der Griechen entlehnt (S. 10-11). Italienische Städte wie Pavia, Genua, Venedig, Florenz und Amalfi beherrschten den europäischen Handel über Jahrhunderte hinweg. Daher wurden italienische Golddukaten zum Vorbild für viele europäische Münzprägungen und waren in ganz Europa und den östlichen Mittelmeerländern in Umlauf.

Unter Augustus wurden den Soldaten der römischen Armee 225 Denare im Jahr ausbezahlt.

GRIECHISCHES SILBER
Viele griechische Siedlungen in Süditalien hatten seit dem 6. Jh. v. Chr. Münzen. Dieses Stück wurde im 4. Jh. in Tarent geprägt.

X, die römische Zahl 10, zeigt, daß dieser Silberdenar 10 Kupferdinare wert war.

I, die römische 1, bedeutet, daß diese Münze einem Pfund (libra) *Kupfer entsprach.*

FRÜHES RÖMISCHES GELD
Das erste Geld Roms bestand aus gegossenen, abgewogenen Kupferstücken (oben). Im 3. Jh. nahm es die Form von Münzen (links) an (S. 10-11). Aus der gleichen Zeit stammt ein Silberdenar mit dem Kopf der Göttin Roma.

Julius Cäsar. Denar 44 v. Ch. (Silber)

Augustus (27 v. Chr. – 14 n. Chr.). Aureus (Gold)

Nero (54-68 n. Chr.). Sesterze

RÖMISCHE KAISERZEIT
Die meisten römischen Kaiser gaben Silber-, Gold- und Kupfermünzen mit ihrem Porträt heraus. So machten sie sich beim Volk bekannt. Auf Münzen konnten sie vielen Leuten zeigen, wie sie aussahen, was sie taten, welche Titel sie hatten. Schließlich gab es ja weder Zeitungen noch Fernsehen!

BARBARENGELD
Diese Bronzemünze zeigt die Stadtgründer Roms, die Zwillinge Romulus und Remus, mit ihrer Nährmutter, der Wölfin. Die Münze wurde von den ostgotischen (barbarischen) Eroberern der Stadt im 6. Jh. geprägt.

BROT UND SPIELE
Als das berühmteste Bauwerk des Römischen Reiches, das Kolosseum, im Jahr 80 n. Chr. vollendet wurde, bildete man es auf Münzen ab. Hier fanden die Spiele statt, bei denen Gladiatoren gegen wilde Tiere kämpften – eine Unterhaltung für blutrünstige Kaiser und Stadtbürger.

ARABER UND NORMANNEN
Die arabischen Herrscher über Sizilien gaben diese Goldmünze heraus. Das Kreuzmuster ist ihrer Schrift entlehnt. Die Kupfermünze stammt von den normannischen Herrschern über Neapel, die die Araber im späten 11. Jh. aus Süditalien vertrieben.

Republik Venedig. 20 Dukaten

DUKATEN UND FLORIN
Im 13. Jh. prägte Venedig seine Goldukaten, Florenz seine Florine. Die große Münze links ist ein 20-Dukaten-Stück aus Venedig, das kleinere ein Florin, der den ersten deutschen Goldstücken zum Vorbild diente (S. 32).

PRINZ UND PAPST
Im späten 15. Jh. prägte man wieder verstärkt Porträtmünzen wie im alten Rom: auf den Münzen erschienen naturgetreue Porträts der Herrscher. Die Silbermünze zeigt Cosimo di Medici von Florenz (1536-1574), die Goldmünze den Medicipapst Leo X. (1513-1521). Die Familie Medici wurde durch Handel und Bankgeschäfte sehr reich und in Florenz sehr einflußreich.

Österreichische Münze

Sardinische Münze

Spanische Münze

KONKURRIERENDE MÄCHTE
Eine Kupfermünze der österrreichischen Kaiserin Maria Theresia (1740-1780), eine Goldmünze des sardischen Königs Viktor Amadeus von Savoyen (1773-1796) und eine Silbermünze von Ferdinand IV. (1759-1825) von Spanien, König beider Sizilien (Neapel und Sizilien) repräsentieren die drei konkurrierenden Mächte im Italien des 18. Jh.

RÖMISCHE „ASSIGNATION" *(rechts)*
1798 bildeten die zuvor vom Papst regierten Staaten eine Römische Republik. Auch sie gab nach dem Vorbild der französischen Republik „Assignate" heraus (S.31).

LIRESCHEIN *(unten)*
Unter König Viktor Emanuel II. wurde die Lira zur nationalen Währung. Diese 30-Lire-Note von 1884 stammt aus einer sardinischen Bank.

Das Jahr 7 der Römischen Republik

ITALIENISCHE BANKIERS
In Norditalien, besonders in der Lombardei, entwickelte man im 14. Jh. das Bankwesen. Damit begann das Zeitalter der modernen Banken.

Heutiges Geld

L.500 L.200

L.100 L.50

POLITISCHE MÜNZE
Auf dieser 2-Lire-Münze (1923) von Viktor Emanuel III. erscheint das faschistische Rutenbündel mit Axt. Ein Antifaschist schlug darauf das kommunistische Zeichen Hammer und Sichel.

KLEINGELD
Weil in den 1970er Jahren Münzen mit kleinem Nennwert sehr knapp waren, bekam man in Geschäften Telefonmarken und Bonbons als Wechselgeld.

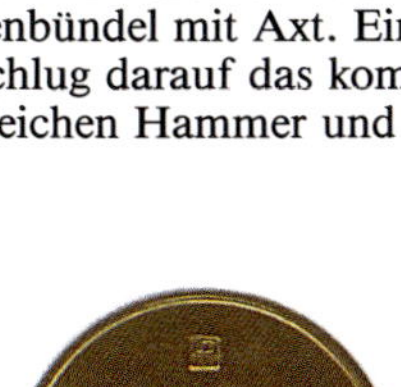

Siehe Seite 62-63

Spanien und Portugal

Spanische und portugiesische Galeonen waren oft mit Schätzen beladen.

Christoph Kolumbus segelte 1492 von Spanien aus westwärts und entdeckte Amerika. Sechs Jahre später eröffnete Vasco da Gama den Seeweg von Portugal um Afrika herum nach Indien. Diese zwei Ereignisse gingen in die Geldgeschichte ein. Europäische Münzformen fanden Eingang in Amerika, Afrika und schließlich Asien, und große Mengen Gold und Silber kamen nach Europa. Spanien führte Millionen von Silberpesos aus dem Gebiet des heutigen Mexiko, Peru und Bolivien ein. Portugal versorgte Europa mit Gold aus Afrika, Indien, China und Brasilien. Die spanische Peseta von 1869 wurde mit dem landläufigen Namen für eine kleine, weitverbreitete Silbermünze benannt. Der moderne portugiesische Escudo ist noch jünger; er stammt von 1915.

Griechische Münze aus Emporium, 250 v. Chr.

Karthagische Münze, Spanien, 210 v. Chr.

Spanisch-keltische Münze, ca. 100 v. Chr.

Münze aus Salacia, einer karthagischen Kolonie in Portugal, ca. 100 v. Chr.

ANTIKE MÜNZEN
Griechische Siedler brachten im 4. Jh. v. Chr. das Münzwesen nach Spanien und Portugal. Ihre Prägestätte befand sich in Emporium (Ampurias) im Nordosten Spaniens. Später gab es auch karthagische, keltische und römische Münzen.

Römische Kupfermünze aus Saragossa, ca. 20 n. Chr.

Westgotische Goldmünze

Maurische Goldmünze

MAURISCHES GOLD
711 besiegte eine arabisch geführte maurische Armee die Westgoten. Daraufhin gaben die Araber in Spanien eigene Münzen heraus. Die islamisch beeinflußten maurischen Münzen waren Vorbild für ersten Münzen der christlichen Könige von Kastilien und Portugal, die die Mauren im 15. Jh. aus Spanien vertrieben.

Kastilische Münze nach maurischem Vorbild

Portugiesische Goldmünze

Römischer Aquädukt von Segovia, der Stempel der dortigen Münzstätte

DIE NEUE WELT
Die Suche nach Gold führte Kolumbus nach Amerika und Vasco da Gama nach Indien. Aus dem Gold der Eroberer wurden meist Münzen wie die (links oben) von Ferdinand und Isabella von Spanien (1479-1504) und (oben rechts) von Johannes III. von Portugal (1521-1557).

Silberpeso

Gold-dublone

SPANISCHES REICH
Die spanischen Eroberer beuteten die reichen Gold- und Silberminen rücksichtslos aus. Die Schiffe voller Silberpesos und Golddublonen fielen auf dem Weg nach Europa oft Piraten in die Hände!

Robinson Crusoe

„Ich brachte meine ganze Ladung an Land... dort fand ich drei große Beutel mit Pesos... und in einem davon sechs in Papier eingewickelte Golddublonen".

PORTUGIESISCHES REICH
Portugals Kolonien im Indischen Ozean waren Handelsstützpunkte. Die Zinnmünze (links) von 1511 war für den Hafen des malaiischen Malakka bestimmt. 1693 wurde in Brasilien Gold entdeckt, zu Münzen verarbeitet wie diese portugiesische von 1725 (rechts) und dann exportiert.

EROBERER GEGEN INDIOS
Die Spanier bekämpften die Inkas und Aztekenstämme Amerikas auf der Suche nach Gold und Silber.

50 Realen, geprägt in Segovia aus spanisch-amerikanischem Silber

Alter Wert VIII (8)

Neuer Wert XII (zwölf)

GELDSORGEN
Spanien wurde das reichste Land der Welt, doch es verschwendete alles mit Kriegen. Die Preise stiegen, und Kupfermünzen wurden umbewertet. Der Wert dieser Kupfermünze wurde 1652 von 8 Maravedis auf 12 Maravedis heraufgesetzt.

Joseph Napoleon

Ferdinand VII.

Herzog von Wellington

ZWEI SPANISCHE KÖNIGE
1808 gab es in Spanien zwei neue Könige, den rechtmäßigen Erben Ferdinand VII. und Napoleons Bruder Joseph. Eine britische Armee unter dem späteren Herzog von Wellington verjagte den französischen Thronräuber. Beide Könige prägten eigene Münzen. Auch die Briten prägten Münzen für Spanien, darunter solche mit Wellingtons Porträt.

PORTUGIESISCHES KRIEGSGELD
Nach dem Napoleonischen Krieg ging der Bürgerkrieg in Portugal weiter. Diese Note von 1805 erschien 1828 noch einmal unter Miguel I.

SPANISCHER BÜRGERKRIEG
Diese Banknote gab die spanische Republik im Bürgerkrieg (1936-1939) heraus. Nach dem Krieg erschienen Münzen mit dem Porträt General Francos, der die Republikaner besiegt hatte.

„FREIHEIT UND DEMOKRATIE"
So lautet die Inschrift dieser portugiesischen Münze, mit der 1974 die Wiederherstellung der demokratischen Regierung gefeiert wurde.

Heutiges Geld: Spanien

200 ptas 100 ptas 25 ptas

Heutiges Geld: Portugal

20 esc 10 esc 2,5 esc

Siehe Seite 62-63

Griechenland und Türkei

Alle Münzen haben ihren Ursprung im antiken Griechenland (S. 10-11). Die Griechen gaben ihnen ihre charakteristische runde Form mit der Prägung auf beiden Seiten. Seitdem hatten Griechenland und das Gebiet der heutigen Türkei viele verschiedene Herrscher – Griechen, Perser, Römer, Byzantiner, Türken, Franzosen, Italiener, Briten, Russen und Deutsche, die alle ihre eigenen Münzen hatten. Die Währungen beider Länder, die Drachme und die türkische Lira, sind noch recht jung. Die Drachme heißt nach der antiken Münze und wurde 1831 mit der Unabhängigkeit des Landes eingeführt. Die Lira, die nach dem türkischen Pfund (livre) benannt ist, erschien zuerst 1930 als Papiergeld.

„REICH WIE KRÖSUS"
Dieser Ausdruck geht auf den König von Lydien zurück (ca. 560-547 v. Chr.). Von ihm soll die Münze oben, eine der ersten Goldmüzen überhaupt, stammen.

KÖNIGSPORTRÄTS
Diese beiden Silbermünzen zeigen griechische Könige: oben Philipp II. von Mazedonien zu Pferd (359-336 v. Chr.) und rechts Antiochus I. von Syrien (281-261 v. Chr.) auf einer Münze aus der Südtürkei.

FLIEGENDES SCHWEIN
Nach Bild und Inschrift stammt diese Münze des 5. Jh. v. Chr. aus der Stadt Ialysos auf der griechischen Insel Rhodos.

Im byzantinischen Reich schrieb man griechisch.

BYZANTINISCHES GOLD
Der byzantinische Kaiser Alexius II. (1297-1330) ließ in Konstantinopel (heute Istanbul) und Thessaloniki Münzen wie diese prägen.

Münze für Mark Anton vor der Schlacht bei Actium 31 v. Chr.

RÖMISCHE MÜNZEN
Die Römer gaben in ihren Reichsteilen in der heutigen Türkei und Griechenland viele Münzen heraus. Die Goldmünze oben rechts für Mark Anton ist griechisch. Die große Bronzemünze aus der Türkei stellt den römischen Kaiser Caracalla dar.

SULEIMAN DER PRÄCHTIGE
Dieser mächtigste aller osmanischen Sultane (1494-1566) gab die Goldmünze unten heraus.

Der Krieger hält ein abgeschlagenes Haupt.

DIE KREUZZÜGE
Die kleine Silbermünze (oben) stammt von einem französischen Kreuzfahrer, der als Herzog von Athen regierte (1280-1287), die Kupfermünzen aus der Osttürkei. Die Münze mit dem Löwen (Mitte) gab der christliche armenische König von Kilikien (1187-1218) und die mit dem sitzenden Krieger (unten) der türkische Herrscher von Mardin heraus.

Papierkurus der osmanischen Staatsbank, 1877

Thessaloniki (Saloniki). Aqche 1547 (Silber)

Istanbul. Altin 1520 (Silber)

Tughra

Silberkurus aus Istanbul, 1769

DAS GELD DES SULTANS
Die osmanischen Sultane regierten über Griechenland und die Türkei. Sie gaben im ganzen Reich von Algerien bis zum Irak und von Ungarn bis zum Jemen ihre bilderlosen Münzen heraus. Das Knotenmuster, die Tughra, auf der großen Silbermünze und dem Schein ist der verschnörkelte Namenszug des Sultans und seines Vaters.

Venedig. Soldo 18. Jh. (Kupfer)

MÜNZEN VON KORFU

Korfu und die anderen ionischen Inseln waren lange die einzige Zuflucht vor der türkischen osmanischen Herrschaft. 1402 bis 1797 waren sie venezianisch, dann französisch, russisch, türkisch und wieder französisch, bis sie 1815 unter britische Verwaltung kamen. Seit 1863 sind sie griechisch.

Der Phönix, das Symbol der Wiedergeburt, von einer griechischen Banknote

Otto I. (Gold)

Rußland. Gazetta 1801 (Kupfer)

UNABHÄNGIGES GRIECHENLAND

1828 erreichte Griechenland, die „Mutter aller Demokratien'', die Unabhängigkeit von der Türkei. Diese 10 Lepton (Kupfer) wurden 1831 von der griechischen Republik herausgegeben. Im folgenden Jahr fiel das Land an König Otto I. von Bayern. Diese 20 Golddrachmen tragen sein Bildnis.

Kupfermünze der griechischen Republik

Britisch. Obolos 1819 (Kupfer)

KRICKET AUF KORFU

Die britischen Besatzer legten sich für ihr traditionelles Spiel ein Kricketfeld auf Korfu an. Dort spielen nun die Griechen regelmäßig.

Griechenland. 1-Drachme-Schein 1885

NEUE MÜNZEN, ALTE PRÄGUNGEN

Die zweite griechische Republik (1925-1935) legte antike Münzen neu auf. Auf dieser 2-Drachmen-Münze ist Athena zu sehen, die von einer antiken korinthischen Münze kopiert wurde.

INSELGELD

Die griechische Insel Thasos blieb bis 1914 türkisch. Auf diese türkische 40-Para-Kupfermünze wurde 1893 der griechische Gegenstempel der Gemeinde von Thasos geschlagen.

TÜRKISCHE REPUBLIK

1923 endete die osmanische Herrschaft in der Türkei, die zu einer Republik unter der Führung von Kemal Atatürk wurde. Sein Porträt wurde 1934 auf diese 100-Kurus-Münze (1 Lira) geprägt.

Heutiges Geld: Griechenland

50Dr.

20Dr.

5Dr.

1Dr.

GRIECHISCHES ORTSGELD

Diese 5000-Drachmen-Note wurde im Zweiten Weltkrieg in Zagora herausgegeben.

Heutiges Geld: Türkei

100TL.

50TL.

10TL.

1TL.

Siehe Seite 62-63

Dänemark und Norwegen

Lund. König Knut (1019-1035)

Norwegen. Pfennig. König Olaf Kyrre (1067-1093)

SILBERPFENNIGE
Die frühen dänischen und norwegischen Silberpfennige waren von England beeinflußt. Kürzlich wurde ein norwegischer Pfennig in einer Wikingersiedlung in Nordamerika gefunden.

Bevor Dänemark und Norwegen eigenes Geld prägten, waren französische, deutsche, englische und islamische Münzen im Umlauf, die die Wikinger aus dem Handel oder aus Beutezügen eingeführt hatten. Im 10. und 11. Jahrhundert begannen die dänischen und norwegischen Könige eigene Münzen nach dem Vorbild des englischen Silberpfennigs zu schlagen. Heute gilt in beiden Ländern wie auch in Schweden (S. 44-45), die Krone, geteilt in 100 Öre. Die dänische, norwegische und schwedische Währung wurden 1873 als Teil eines gemeinsamen skandinavischen Systems geschaffen. Die Krone war im 17. und 18. Jahrhundert ursprünglich eine dänische und norwegische Silbermünze mit einer Krone darauf, während die Öre aus Schweden stammt.

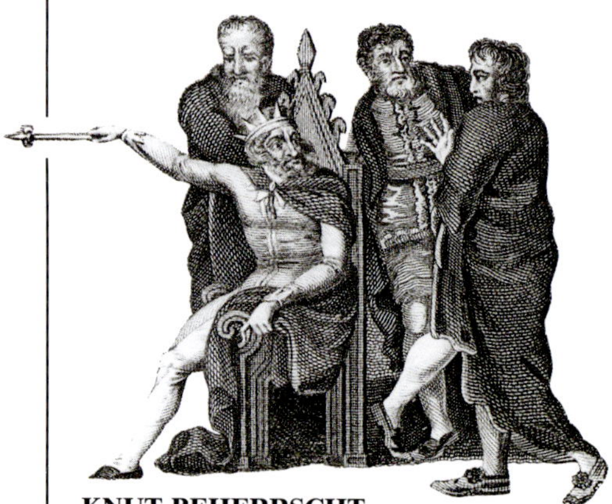

KNUT BEHERRSCHT DIE MEERE
Der Sage nach soll König Knut von Dänemark und England der Flut befohlen haben, zu weichen – ohne Erfolg. Er gab englisch beeinflußte Pfennige heraus.

KÖNIG VON DÄNEMARK UND NORWEGEN
Christian V. (1588-1648) war zwar König beider Länder, gab aber für jedes Königreich eigene Münzen heraus. Die linke Silbermünze ist dänisch, die rechte norwegisch.

Die Lappen, die Rentierhirten Nordnorwegens, bezahlten mit Rentierfellen.

Das „C" steht für Christian V.

KÖNIGLICHE GESCHENKE
Rechteckige Münzen, sogenannte Klippen, gab es oft im 16. und 17. Jh. in Dänemark. Sie waren zuerst Notgeld im Krieg, weil sie schneller herzustellen waren als runde. Diese zwei Klippen ließ König Christian V. anfertigen, um sie zu verschenken.

Säulen und Globus, kopiert von einem amerikanischen Peso

HANDELSGELD
Diese Silbermünze nach Art eines amerikanisch-spanischen Peso wurde 1777 für die dänische Asiatische Gesellschaft in China geprägt. Die kleine Goldmünze von 1726 zeigt Christiansburg, eine dänische Niederlassung in Westafrika, woher das Gold kam.

Ein Wikingerschiff

MARK UND SCHILLINGE
Im 18. Jh. bauten die dänische und norwegische Währung auf der Mark, geteilt in 16 Schillinge, auf. Diese Silberkrone von 1723 war vier Mark wert. 64 Kupferschillinge (ganz rechts) ergaben eine Krone.

Der Löwe mit der Axt taucht auf norwegischen Münzen auf. Auf diesen Seiten sind es vier.

PAPIER- UND SILBERTALER
1813 schuf die dänische Regierung den Taler mit 96 Schillingen. Dieser Talerschein wurde von der Dänisch Königlichen Bank von Kopenhagen in Christiania (alter Name für Oslo) ausgegeben. Der Taler blieb in Norwegen in Gebrauch, bis dieses 1815 an Schweden fiel. Dieser Silbertaler ist von 1823.

Delphin und Korn symbolisieren Fischfang und Ackerbau.

SKANDINAVISCHES GELD
1873 wurde ein einheitliches System für Dänemark, Norwegen und Schweden geschaffen. Die Länder benutzten nur unterschiedliche Münzbilder. Diese 20-Kronen- und 50-Öre-Münzen sind dänisch (oben) und norwegisch (unten). Die schwedische Version ist auf S.45 zu sehen.

PAPIER-KRONE
Im Ersten Weltkrieg und einige Jahre danach wurde in Dänemark Papiergeld ausgegeben. Dieses Beispiel stammt von der Kreditbank in Odense.

NOTGELD
Im Zweiten Weltkrieg war Kupfer knapp. Deshalb mußten Dänemark und Norwegen auf andere Metalle ausweichen. Norwegen benutzte Eisen (links), Dänemark Aluminium (rechts) und Zink.

Heutiges Geld: Dänemark

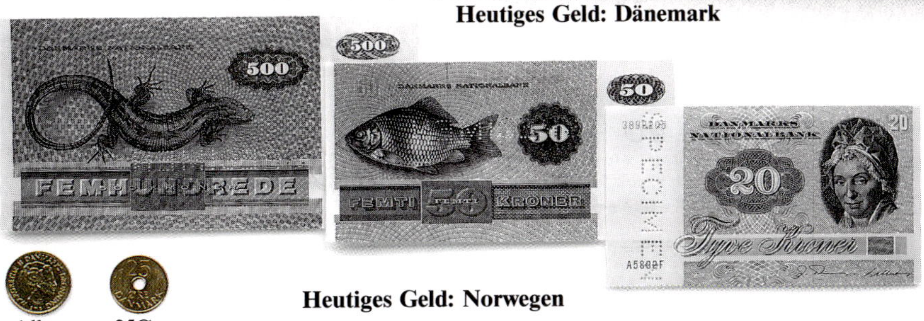

1dkr 25Øre

Heutiges Geld: Norwegen

10nkr 1nkr 50Øre

Siehe S. 62-63

Schweden und Finnland

Schweden gab nicht nur das erste Papiergeld in Europa heraus, sondern auch die größten Münzen, Geld aus Kupferplatten. Diese riesigen rechteckigen Münzen konnten bis zu 19 kg wiegen! Das moderne schwedische Geld ist weniger spektakulär. Es basiert auf der Krone, geteilt in 100 Öre. Bis 1809, als Finnland noch unter schwedischer Krone war, benutzte es dessen Geld, und sobald es an Rußland fiel, den Rubel und die Kopeke. Die heutige Finnmark und der Pfennig gehen ebenfalls auf die Russen zurück.

SCHWEDISCH!
Die Münze links ist die Kopie eines islamischen Vorbilds. Der Penny rechts wurde von durchreisenden englischen Münzmeistern geprägt.

EINSEITIGE MÜNZEN
Sie entstanden im 13. Jh. Das M (oben) steht für König Magnus von Schweden. Das A (rechts) bedeutet Abo, der alte Name der finnischen Stadt Turku.

TALER, DUKATEN UND ÖRE
1534 führte Gustav I. Vasa (1523-1560) den ersten schwedischen Silbertaler ein (links). Er war auch in Finnland, das zum Reich gehörte, in Umlauf. Gustav II. Adolf (1611-1632) ließ als erster kupfernes Münzgeld prägen, die quadratischen Öre (Mitte). In seinen deutschen Reichsteilen führte er Goldukaten ein. Seine Tochter Kristina (1634-1654) ist auf einem Silbertaler abgebildet (rechts).

Mit schweren Hämmern wurden die Stempel in das Plattengeld geschlagen.

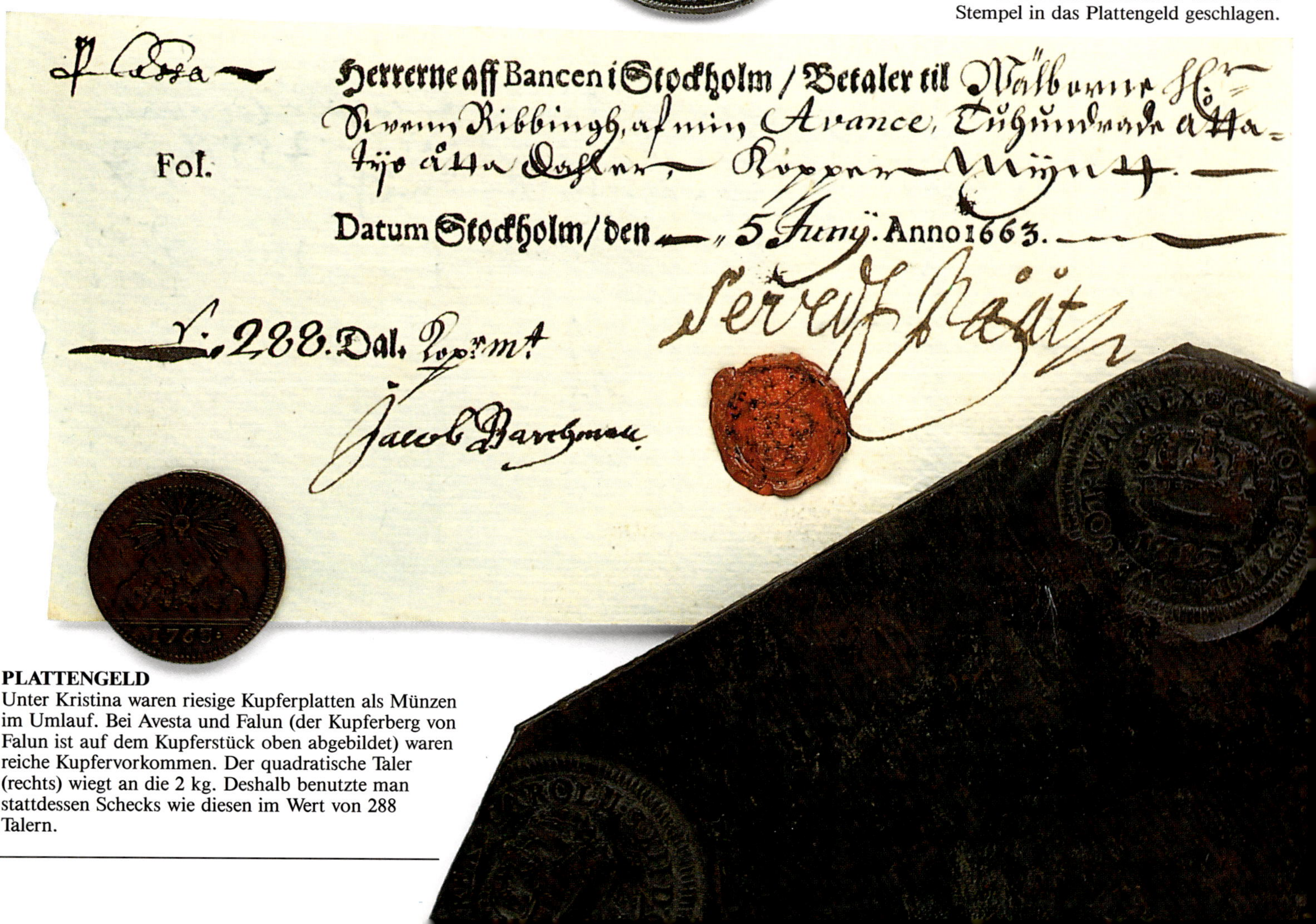

PLATTENGELD
Unter Kristina waren riesige Kupferplatten als Münzen im Umlauf. Bei Avesta und Falun (der Kupferberg von Falun ist auf dem Kupferstück oben abgebildet) waren reiche Kupfervorkommen. Der quadratische Taler (rechts) wiegt an die 2 kg. Deshalb benutzte man stattdessen Schecks wie diesen im Wert von 288 Talern.

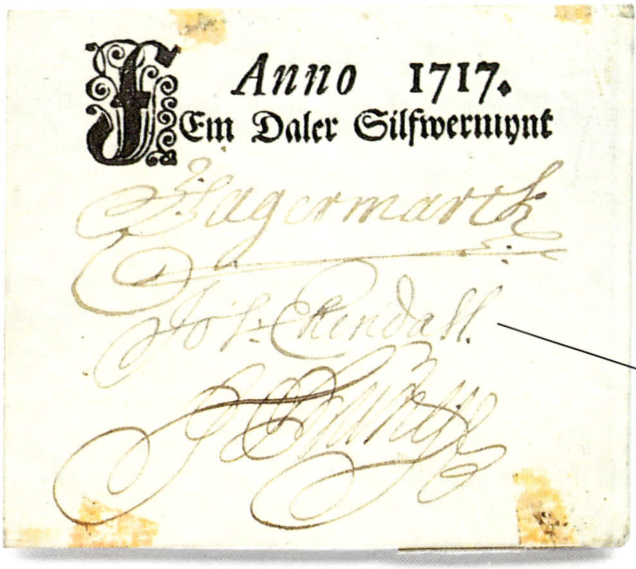

Papiertaler

Die Note war nur mit allen drei Unterschriften gültig.

TALERERSATZ

1717 ging dem schwedischen Staat wegen eines kostspieligen Krieges gegen Rußland das Geld aus. So ersetzte er das Plattengeld durch Papiergeld und kleine Kupfertaler. Diese wurden mit römischen Gottheiten geschmückt: Merkur, Jupiter, Saturn und Mars.

Kupfertaler

Der russische doppelköpfige Reichsadler

Dieser Entwurf ist einer finnischen Banknote entlehnt. Der Name der Bank erscheint auf Schwedisch, Finnisch und Russisch.

RUSSISCHES FINNLAND

1809 verlor Schweden Finnland an Rußland, das dort die eigenen Rubel und Kopeken einführte. Die 20-Kopeken-Note rechts kam 1840 heraus. 1864 bekam Finnland eine eigene Münzwährung in Mark (markkaa) zu 100 Pfennigen (penniä). Die Goldmünze oben rechts ist 20 Mark, die Kupfermünze darunter 10 Pfennige wert.

GEMEINSAME MÜNZEN

Seit 1873 sind Schwedens Münzeinheiten die Krone und die Öre. Zusammen mit Dänemark und Norwegen wurde daraus ein gemeinsames System gebildet. Diese 5-Öre-Münze ist von 1857, das 20-Goldkronen-Stück von 1876.

5skr

1skr

50Öre

UNABHÄNGIGES FINNLAND

Finnlands Münzsystem unterschied sich von dem im übrigen Skandinavien. Bei seiner Unabhängigkeit 1917 übernahm es das russische System.

Heutiges Geld: Schweden

Heutiges Geld: Finnland

1Fmk

20p

1p

Siehe Seite 62-63

Fast 1000 Jahre lang befand sich die Königliche Münze im oder am Tower of London.

Großbritannien

Alle Teile des Vereinigten Königreiches von Großbritannien – England, Schottland, Nordirland, Wales, Isle of Man und die Kanalinseln – benutzen heute ein Geldsystem, das auf dem Pfund Sterling, geteilt in 100 Pennies, aufbaut. Vor 1971 hatte das Pfund 240 Pennies, von denen 12 auf einen Schilling kamen. Das Papiergeld ist nur in England und Wales gleich. Auf der Isle of Man und den Kanalinseln Guernsey und Jersey sind andere Münzen im Umlauf als die britischen der Königlichen Münze in Llantrisant in Wales. Schon die Kelten und Römer hatten Münzen nach Britannien gebracht. Später exportierte Großbritannien als Mutterland vieler Kolonien und wichtige Handelsmacht seinerseits Münzen in viele Teile der Welt. Das Pfund Sterling ist auch heute noch eine wichtige Währung auf dem Weltmarkt.

KELTISCHES GOLD
Diese Münze (ca. 10-40 n. Chr.) trägt den Namen von Kunobelin, dem berühmten König der Katuvellaunen.

RÖMISCHE PRÄGESTÄTTE
Diese römische Bronzemünze von Kaiser Maximian wurde in London geprägt: „LON" (Londinium) erscheint am unteren Münzenrand.

SACHSEN UND WIKINGER
Der Silberpenny ist angelsächsischen Ursprungs; die Münze links zeigt den Sachsenkönig Alfred den Großen. Die rechte Münze trägt den Namen des Wikingerkönigs von York, Eric Bloodaxe.

Sixpence (Silber)

MASCHINENPRÄGUNG
Der silberne Sixpence von Elisabeth I. (oben) aus dem Jahre 1566 war der erste, der mit einer Schraubpresse wie der oben links abgebildeten geprägt wurde.

Die schottischen Könige sind auf Sterlingpennies stets von der Seite dargestellt.

STERLINGSILBERPENNIES
1279 schuf Eduard I. einen neuen Silberpenny, den „sterling". Er war im Handel weit verbreitet, so daß man ihn oft kopierte. Dies sind Sterlinge von Eduard I. (links) und Robert Bruce, dem König von Schottland (rechts).

Marken von Proben, ob die Goldmünze massiv ist (S. 19)

GROT UND NOBEL
Mit dem wachsenden Handel wurde der Silberpenny im 14 Jh. durch wertvollere Münzen ergänzt. Der Silbergrot (*„groat"*) links zählte 4 Pennies, der Goldnobel (*„noble"*) rechts 80 Pennies.

KLEINGELD DES 18. JH.
Da die Regierung keine Kupfermünzen prägte, tauchte im 18. Jh. eingeschränkt gültiges Kleingeld auf. Kaufleute antworteten darauf mit eigenen Kupferstücken. Der walisische Halfpenny (oben) stammt von einer Kupferminengesellschaft, die Münze mit Lady Godiva (Mitte) wurde in Coventry geprägt.

Gasthaus „The Queen's Head" (Kopf der Königin)

KLEINGELD
Ein Mangel an Wechselgeld veranlaßte im 17. Jh. Kaufleute und Gastwirte, Viertel- und Halbpennies aus Messing herauszugeben.

HALFPENNY AUS KUPFER
Der erste Kupfer-Halfpenny (1672) trug auf der Rückseite das Bild der Britannia.

LADY GODIVA
Der Legende zufolge soll Lady Godiva nackt durch Coventry geritten sein, um ihren Mann zu zwingen, die hohen Steuern zu senken.

Ihr breiter Rand brachte diesen Münzen von 1797 den Spitznamen „Wagenräder" ein.

GOLDSOVEREIGN
Die erste britische Pfundmünze im Wert von 240 Silberpennies gab Heinrich VII. 1489 heraus. Dieses Exemplar von ca. 1545 wurde in Southwark für Heinrich VIII. geprägt.

GOLDUNITE
1604 ließ Jakob I. eine neue Pfundmünze schlagen. Dieses Stück (1650) ist aus der Zeit des Bürgerkriegs, nachdem Jakobs Sohn Karl I. hingerichtet worden war.

GOLDGUINEE
Dieses maschinengeprägte Goldpfund (1663) zeigt Karl II. Der Elefant deutet an, daß das Gold aus dem afrikanischen Guinea kam.

GOLDSOVEREIGN
Unter Georg III. (1738-1820) erschien wieder ein Goldpfund. Auch dieses wurde Sovereign genannt.

PAPIERGUINEE
Im 18. Jh. wurde in Großbritannien Papiergeld (S. 12-13) beliebt. Diese schottische Guinee von 1777 war die erste in Farbdruck.

Königin Viktoria pflegte ihren Gästen solche 5-£-Münzen zu überreichen.

Florin 1849

DEZIMALMÜNZEN
1849 wurde mit dieser 2-Schilling-Münze der erste Versuch mit einer Dezimalwährung (Teilung durch 10) unternommen. Es handelt sich um einen Florin im Wert von 1/10 Pfund.

Heutiger Gegenwert: 10 Pence

Heutiges Geld

£1 50p 20p 10p

5p 2p 1p

50p Isle of Man £1 Jersey 5p Guernsey

KRIEGSGELD
Die Insel Jersey druckte im Zweiten Weltkrieg eigene Geldscheine.

Siehe Seite 62-63

Kanada

Münzen und Banknoten wurden zwar schon von britischen und französischen Siedlern nach Kanada gebracht, aber man zahlte dort weiterhin mit Anweisungsformularen. Die Siedler zogen Pelze und Getreide als Zahlungsmittel vor oder machten sich gar eigenes Geld! In den 1850er Jahren wurden der Dollar und der Cent bekannt. Zuvor war die britische und französische Währung schon im Umlauf, aber wie in den USA war der spanische Dollar die Hauptwährung. Das 1867 gegründete Kanada übernahm den Dollar offiziell 1868.

FRANZÖSISCH-KANADISCHER DOLLAR
Kanadas erste Münzen kamen auf Anordnung Ludwigs XIV. von Frankreich aus Paris. Dieses Silberstück stammt von 1670.

„BIBERGELD"
Die Hudson-Bay-Gesellschaft hatte eigenes Papiergeld wie diese 1-Schilling-Note und das Bronzestück im Wert von einem Biberpelz. Die Kaufleute aber zahlten lieber mit Biberhäuten.

Neuschottland.
Pennystück 1824

Ostkanada.
Halfpennystück 1833

PROVINZGELD
Obwohl das britische Pfund Sterling bis in die 1850er Jahre das offizielle Zahlungsmittel war, besaßen die meisten Provinzen eigene Währungen auf der Grundlage des spanischen und amerikanischen Dollars. Im englischsprechenden Teil gab es Pennies und Halfpennies, im französischsprechenden Quebec nannte man die Geldstücke Sou.

Ostkanada.
Sou 1837

Ostkanada.
2 Sou 1837

EINHEIMISCHES GOLD
1862 wurde dieses 20-Dollar-Stück aus Gold aus British Columbia geprägt.

Die Indianer tauschten mit britischen und französischen Siedlern ihre Pelze gegen deren Waren.

PROVINZMÜNZEN
1858 wurden in Ontario, Quebec und den anderen Provinzen ähnliche Bronzecents herausgebracht. Links eine Münze von der Prince Edward Insel (1871), in der Mitte eine aus Neuschottland (1861) und rechts aus Neufundland (1938). Cents gab es auch in Neubraunschweig.

ZEHN KANADISCHE DOLLAR
Die Währungseinheit dieser Banknote der Kandischen Handelsbankfiliale Montreal von 1906 ist der Dollar. Er war 1868 in ganz Kanada eingeführt worden.

50 Cent (Silber)

1 Cent
(Bronze)

Dollarmünze

5 Cent
„Beaver"
(„Biber")

DOMINIONMÜNZEN
1870 gab das Dominion Kanada (der britische Landesteil) erstmals Silbermünzen im Nennwert von 50, 25, 10 und 5 Cents und 1876 einen Bronzecent heraus. Die erste Dollarmünze kam erst 1935. Neuere Münzen tragen oft Naturmotive wie das 5-Cent-Stück (Biber).

Totem-pfahl

Kanadischer Polizeireiter

GEDENK-DOLLAR
Unter den vielen kandischen Gedenkmünzen befindet sich auch dieser Dollar aus Anlaß der Hundertjahrfeier von British Columbia (1958) sowie der berittenen Polizeitruppen (1973).

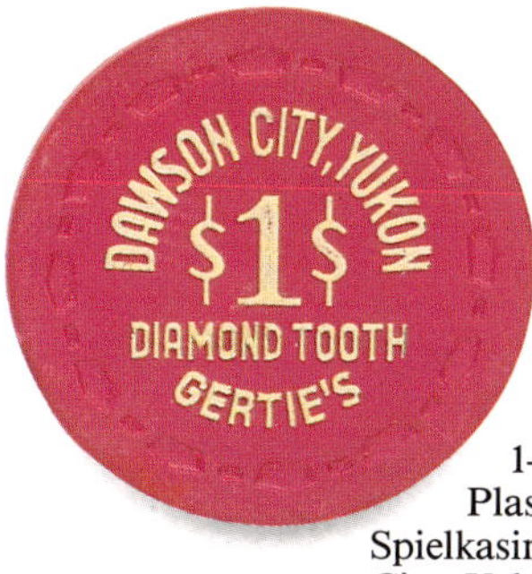

PLASTIKCHIPS
1-Dollar-Chips aus Plastik aus dem Spielkasino von Dawson City, Yukon.

Heutiges Geld

1$

25c

10c

5c

1c

Siehe Seite 62-63

Australien und Neuseeland

Die ersten britischen Siedler brachten das Pfund, den Schilling und den Penny mit. Dennoch waren wegen des internationalen Handels die Münzen aus Indien, Holland Spanien und Portugal weiter verbreitet. 1792 löschte das amerikanische Handelsschiff *The Hope* in Sidney eine Ladung Rum; dieses Getränk schien den Australiern ein Geld ganz nach ihrem Geschmack zu sein und galt in Neusüdwales bis 1813 als offizelle Währung. Der spanisch-amerikanische Silberdollar (S. 21) hielt sich von 1813 bis 1829. 1966 führte Australien und 1967 Neuseeland den modernen, dezimal geteilten Dollar ein.

GOLD!
1851 fand man in Australien Gold. Bis 1852 wurde Goldstaub als Zahlungsmittel benutzt, danach zahlte man mit Güssen aus Adelaide (oben) und endlich mit Münzen (oben rechts). Private Goldprägungen (Mitte: Känguru) gab es 1853 in Melbourne. Eine Münzstätte in Sidney prägte 1853 Sovereigns (rechts) und Halbsovereigns.

LOCHDOLLAR UND „DUMP"
Zwischen 1813 und 1822 war dieser Lochdollar in Neusüdwales ebenso offizielles Zahlungsmittel wie der silberne *„Dump"*, die ausgestanzte Mitte. Der Dollar war 5 Schillinge, der Dump 15 Pence wert.

DER GROSSE GOLDRAUSCH
Die australischen Goldfunde veranlaßten viele Abenteurer zur Goldsuche.

Thames Goldfields. Pennystück 1874

Neuseeland. Pennystück 1881

NEUSEELÄNDISCHE NOTEN UND MÜNZEN
Britische Münzen waren im 19. Jh. in Neuseeland zwar offizielles Zahlungsmittel, aber meist benutzte man solche Kupferstücke und Noten, die von Handelsgesellschaften und Banken für ein bestimmtes Gebiet ausgegeben wurden. Es gab mehr als 140 verschiedene Sorten.

Der australische Emu, ein schneller Läufer

AUSTRALISCHE MÜNZEN
1910 prägten die Australier britisch beeinflußte Silberflorine (oben), Schillinge (links), 6-Pence- und 3-Pence-Stücke. Ein Jahr später kamen Bronzepennies (rechts) und Halfpennies dazu.

TAUSCHHANDEL
Die europäischen Siedler tauschten mit den Ureinwohnern Australiens und den Maori Neuseelands Stoffe und Metallwerkzeuge gegen Nahrungsmittel.

AUSTRALISCHE NOTEN UND MÜNZEN
In der zweiten Hälfte des 19. Jh. bestand der größte Teil des umlaufenden Geldes aus Banknoten und Sonderprägungen. 1865 gab die Bank von Queensland diese 3-Pfund-Note (oben) heraus. Die tasmanischen und westaustralischen Kupferstücke wurden in Melbourne geprägt.

Heutiges Geld: Neuseeland

50c

20c

1c

NEUSEELANDGELD
1933 bekamen auch die Neuseeländer ihre eigene Münzsorte: Kronen, Florine (links), Schillinge (unten links), 6-Pence- und 3-Pence-Stücke aus Silber, dazu seit 1940 Penny und Halfpenny (unten) aus Bronze.

Von 1940 bis 1965 befand sich das *Tiki*, das Glückssymbol der Maori, auf dem Bronzehalfpenny.

Heutiges Geld: Australien

1$

50c

20c

Siehe Seite 62-63

China und Japan

Die Chinesische Mauer ist 2400 km lang.

Die modernen Währungen Chinas und Japans entwickelten sich aus dem Silberdollar (S. 21) der europäischen und amerikanischen Kaufleute. Damit bezahlte man Seide, Tee, Goldbarren, Porzellan und Rhabarber! Die Chinesen nannten den Silberdollar „runde Münze", „Yuan", die Japaner „Yen". Das chinesische Münzwesen nahm seinen Anfang im 6. Jh. v. Chr. (S.11) und wurde später von den Japanern übernommen. Die Chinesen kannten nur das Abwiegen von Silber und Gold, wogegen die Japaner Edelmetallmünzen prägten. Beide Länder haben entscheidend zur Geschichte des Papiergeldes (S.12-13) beigetragen.

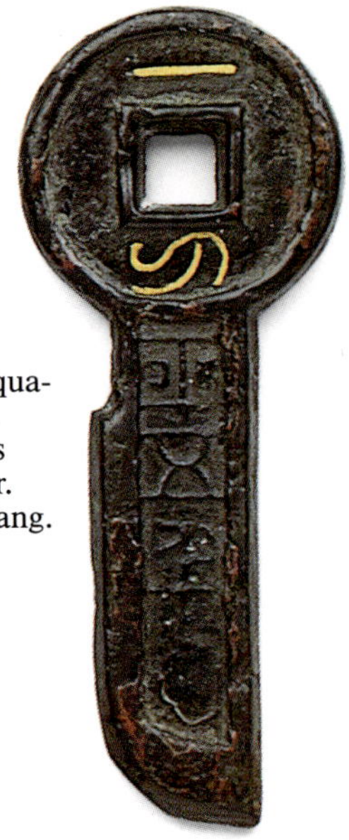

DAS ALTE CHINA
Frühe chinesische Münzen waren aus Bronze und hatten wie diese Hackenmünze (links, ca. 300 v. Chr.) die Form von Werkzeugen. 221 v. Chr. wurden sie auf Befehl des Kaisers Ts'in Schihuangti durch die praktischeren mit dem quadratischen Loch ersetzt. Die Messermünze rechts entstand ca. 7-23 n. Chr. unter Kaiser Wang Mang.

Münzgewicht: 1/2 Unze

Chinesischer Geldwechsler

DIE MÜNZE DES SCHOGUN
Ein japanischer Schogun (Reichsverwalter) führte 1626 diese neue Standardmünze ein. Die Inschrift bedeutet „großzügiges, immerwährendes Geld".

Löcher zum Auffädeln der Münzen

STANDARDMÜNZEN
621 n. Chr. führte die chinesische Tangdynastie eine neue Standardmünze aus Bronze mit einer Inschrift aus vier Schriftzeichen und einem quadratischen Loch ein (oben links), die bis 1912 verbindlich blieb. Im Jahr 708 wurde sie in Japan übernommen (links).

BAMBUSGELD
In Schanghai benutzte man Bambusstöcke als Geld; dieser war 100 Münzen wert.

MEHRFACH-MÜNZEN
Kupferknappheit in China nach der Eroberung der Kupferminen durch Rebellen führte dazu, daß Mehrfachmünzen ausgegeben wurden. Diese von 1854 war 1000 Standardmünzen wert.

Inschrift mit dem Gewicht (10 Unzen) und dem Namen des Münzmeisters

GROSSES GOLDSTÜCK
Dieses Oban („großes Stück") von 1860 ist typisch für die japanischen Goldstücke zur Zeit des Tokugawa-Schogunats (1603-1868). Einige Familien gaben eigene Münzen wie die aus Blei (oben) heraus.

Der chinesische Gott des langen Lebens

CHINESISCHE DOLLARS
Im 19. Jahrhundert begannen die Chinesen eigene Silberdollars herauszugeben – zunächst inoffizielle Stücke wie diesen Taiwandollar (1840er Jahre), dann ab 1890 solche mit dem Reichsdrachen.

PAPIERDRACHEN
Neben Dollars aus Silber hatten die Chinesen auch solche aus Papier aus der Provinz Kiangsu (1906).

MEIDSCHI TENNO
Der japanische Meidschikaiser Mutsuhito (1868-1912)

ARBEITERFRONT
Die Inschrift auf diesem kommunistischen Dollar aus Nordwestchina (1934) lautet: „Arbeiter der Welt vereinigt euch!"

JAPANISCHER DOLLAR
Das japanische Münzwesen wurde vom Dollar beeinflußt. 1870 setzte der Kaiser anstelle der alten Schogunmünzen seine eigenen mit dem Drachen.

YEN UND SEN
Die Japaner nannten ihre Münzen entsprechend den Chinesen *„Yen"* und *„Sen"*. Diese 10-Sen-Note erschien 1872.

YUAN UND FEN
Die Chinesen nannten ihren Dollar *„Yuan"*, „rund", und ihren Cent *„Fen"* oder *„Fun"*, „ein Hundertstel". Diese 2-Fen-Note stammt von 1953.

Heutiges Geld: China

5 Fen 2 Fen 1 Fen

10 Fen (links) = 1 Jiao (rechts)

Devisenschein über 10 Fen

500 Yen 10 Yen 5 Yen

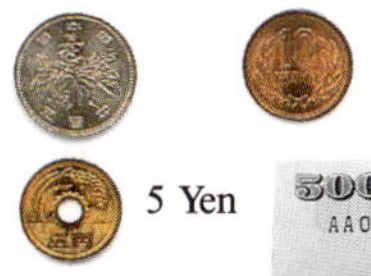

Heutiges Geld: Japan

Siehe Seite 62-63

Afrika

Einige der frühesten Zeugnisse von Geldgebrauch kommen aus Afrika (S. 8-9). 500 v. Chr. gaben griechische Kolonien an der libyschen Küste die ersten afrikanischen Münzen heraus, worauf das Münzwesen sich rasch nach Ägypten und bis nach Marokko ausbreitete. Phönizische, afrikanische, römische und byzantinische Münzstätten wurden im Mittelmeergebiet errichtet. Seit dem 8. Jh. schafften Araber und Berber das Gold auf Karawanenwegen durch die Wüste zu den nordafrikanischen Münzstätten. Von dort wurde es auch zu Münzzwecken nach Europa verschifft. Weiter im Süden hielt sich noch lange das Geldsystem auf der Basis von Salz, Vieh, Stoffen und Werkzeugen (S.8-9); in einigen gelten noch heute solche Waren als Zahlungsmittel.

Nord

Das Pferd, hier als Pegasus, war das Zeichen Karthagos.

KARTHAGO
Die großen Silbermünzen waren der Sold für die Truppen Karthagos, der antiken Stadt im heutigen Tunesien, in den römischen Kriegen 264-241 v. Chr. Die Inschrift ist phönizisch.

Arabische Schrift

BERBERGOLD
Die marokkanischen Berber Muwahhid schafften westafrikanisches Gold durch die Sahara nach Norden. Diese Münze stammt aus dem 13. Jahrhundert.

FRANZÖSISCH MAROKKO
Diese marokkanische 2-Franc-Note erschien im Zweiten Weltkrieg. Hier galt das französische Geldsystem von 1910 bis 1960.

KISSIGELD
Bis in die 1930er Jahre benutzte vor allem der Stamm der Kissi Eisendraht mit abgeflachten Enden als Geld (Liberia und angrenzende Staaten).

West

PORTUGIESISCH AFRIKA
„Macuta" war die Bezeichnung für angolesisches Kupferbarrengeld wie dieses von 1762 aus Lissabon.

LEONEDOLLAR
Die britische Kolonie Sierra Leone war ursprünglich die Heimat freigelassener afrikanischer Sklaven. 1791 gab man dort Silberdollars heraus.

Die Ibos in Nigeria bevorzugten kupferne Ringe (S.9).

LIBERIA
Die amerikanischen Gründer dieses Staates prägten 1833 Kupfercents. Das Gepräge zeigt die Begrüßung freigelassener Sklaven.

UNABHÄNGIGKEIT
Die Goldküste war die erste britische Kolonie, die unabhängig wurde. 1956 ging daraus Ghana hervor. Diese Münze zeigt den Staatsgründer Kwame Nkrumah.

WESTAFRIKANISCHE WÄHRUNGSUNION
1958 schlossen sich die ehemaligen französischen Kolonien zusammen und gründeten einen Währungsverband, aus dem diese 100-Franc-Note stammt.

Ost

PHARAONENGOLD
Die ägyptische Hieroglyphe auf dieser Münze des Pharaos Nechtanebo II. (359-343 v. Chr.) bedeutet „gutes Gold".

GRIECHISCHES ÄGYPTEN
Alexander der Große begründete 332 die griechische Herrschaft in Ägypten. Diese Münze mit seinem Bildnis ließ sein Nachfolger Ptolemäus I. 310 v. Chr. prägen.

RÖMISCHES ÄGYPTEN
Nach dem Tod der ägyptischen Königin Kleopatra waren die Römer die Herren dieses Landes. Dieses Kupferstück ließ Kaiser Nero (54-68 n. Chr.) ausmünzen.

TALER IN AFRIKA
Vor dem Zweiten Weltkrieg basierte die äthiopische Währung auf dem österreichischen Silbertaler (S. 32). Diese Banknote des Kaisers Haile Selassie lautet auf 2 Taler in französisch und äthiopisch.

SUAHELIMÜNZE
Diese Kupfermünze (15. Jh.) gab der Sultan von Kilwa in Tansania heraus.

SUDANESISCHES RINGGELD
Dieser Goldring war im späten 19. Jh. im Umlauf.

Ausschnitt aus einer französischen zentralafrikanischen Note

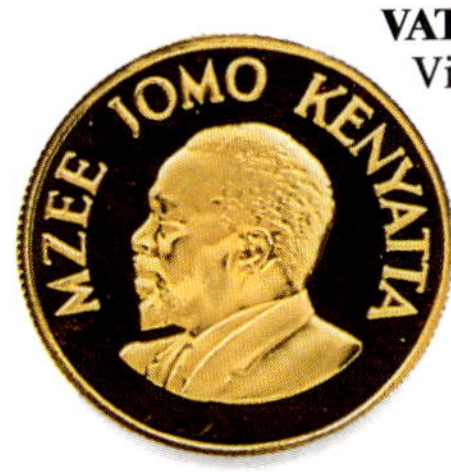

VATER DER NATION
Viele afrikanische Münzen erinnern an die Unabhängigkeit. Diese Goldmünze von 1966 zeigt Jomo Kenyatta, den „Vater" Kenias.

Portugiesisch-Mosambik. 2,5 Metical 1851 (Gold)

Französisch-Madagaskar. 5 Franc ca. 1890. Zerschnitten (Silber)

Britisch-Mombasa. Rupie der Ostafrikanischen Kompanie (Kenia) 1888

Französisch-Madagaskar. 10-Cent-Briefmarkengeld 1916

Deutsch-Ostafrika (Tansania). 15 Rupien 1916 (Gold)

Süd

VEREINTE NATIONEN
Mit dieser sambischen 50-Ngwee-Münze von 1969 sollte die Entwicklungshilfe der Vereinten Nationen unterstützt werden. Sie zeigt einen Maiskolben, das Hauptnahrungsmittel Sambias.

KRÜGERRAND
Die Republik Südafrika ist eines der größten Förderländer von Gold, das zum Teil in Form dieser Krügerrands exportiert wird. Eine Münze enthält 28 g reines Gold.

KOLONIALWÄHRUNGEN
Frankreich, Deutschland, England, Italien und Portugal brachten Münzen und Noten für ihre ostafrikanischen Kolonien heraus. Indische Münzen waren so weit verbreitet, daß die Engländer 1888 in Mombasa eine Rupie für Kenia herausgaben. Dasselbe machten die Deutschen in Tanganjika (heute Teil Tansanias) und die Italiener in Somalia. Im 19. Jahrhundert führten die Franzosen in Madagaskar ihre eigenen Silbermünzen ein, die allerdings von der Bevölkerung zerstückelt und abgewogen als Zahlungsmittel verwendet wurden.

Siehe Seite 62-63

Sparen und verwahren

Geizhälse sind zwar nicht gerade sympathisch, aber niemand bezweifelt, daß es vernünftig ist, Geld zusammenzuhalten. Sparanlagen beim Staat, bei Banken und Bauspargesellschaften bieten verschiedene Möglichkeiten, Geld für magere Zeiten zurückzulegen. Als es noch keine Sparkassen gab, konnte man große Summen bei Kaufleuten oder Goldschmieden hinterlegen. Doch am einfachsten war es, das Geld zu vergraben oder wenigstens gut zu verstecken. – Und heute hat fast jeder zuhause sein Sparschwein.

VERGRABENER SCHATZ
Diese persischen Silbermünzen aus dem 17. Jh. wurden 1960 in einem kleinen blauen Topf entdeckt.

LEDERBEUTEL
Dieser Beutel mit Gold- und Silbermünzen wurde im frühen 18. Jh. einem britischen Gericht zur Aufbewahrung übergegeben. Einige der Münzen waren über 150 Jahre alt.

PLASTIKBÖRSEN
Loses Geld in der Hosentasche kann lästig sein. Diese kleinen Geräte halten englische 1-Pfund-Münzen ordentlich zusammen.

Britische Pfundmünzen trugen 1987 auf der Rückseite die englische Eiche.

Die meisten Menschen bringen ihre Ersparnisse zu einer Bank.

Verschlußring

Öffnung für Münzen

Einwurfschlitz

GELDBÜCHSE AUS METALL
Den Schlüssel zu diesem kleinen Tresor zu verlieren, heißt nie mehr an sein Geld kommen! Die Münzen werden in den automatisch schließenden Schlitz gesteckt, die Scheine in einen runden auf der anderen Seite. Wer dann noch ganz sicher gehen will, hinterlegt den Schlüssel in der Bank.

STOFFBÖRSE
Diese Börse aus dem 19. Jh. wurde am Gürtel getragen, wie man auf der Darstellung sieht. Wenn die Münzen auf beide Seiten verteilt sind, halten sie die Börse im Gleichgewicht. Die Öffnung in der Mitte schloß sich, wenn die Ringe nach außen geschoben wurden.

„SPARADLER"
Im vorigen Jh. waren ausgefallene Spardosen in Amerika sehr beliebt. Man steckt dem Adler eine Münze in den Schnabel, schiebt ihn an einem Griff nach vorn, und schon „füttert" er seine Jungen. Die Münze fällt dabei in einen Schlitz.

Der Griff schiebt den Adler vor.

Hier kommen die Münzen hinein.

Sparschwein aus Keramik, englisch, Mitte 19. Jh.

SPARSCHWEIN
Die beliebteste Spardose ist das Schwein aus Ton oder Porzellan. Die ältesten bekannten Stücke sind deutsche aus dem 17. Jahrhundert. In Indonesien soll es aber schon im 14. Jahrhundert Sparschweine gegeben haben. Um an das Geld zu kommen, mußten zumindest die frühen Sparschweine zerschlagen werden.

SPARSTRUMPF
Dieser Baumwollstrumpf aus Südamerika wurde am Gürtel getragen. Wenn das obere Ende über den Gürtel gezogen wird, ist der Strumpf zu, um Geld herauszunehmen, muß man den Strumpf wieder nach unten ziehen.

TAMMANY-BANK
Diese amerikanische Spardose von 1873 hat einen politischen Witz: Der Mann ist der korrupte William „Boss" Tweed, dessen Büro sich in New York in der Tammany Hall befand. Gibt man ihm eine Münze in die Hand, steckt er sie sofort in die Tasche!

William „Boss" Tweed verkaufte politische Vorteile und schädigte damit die Stadt New York um mindestens 30 Millionen Dollar.

Schecks und Kreditkarten

Wenn wir an Geld denken, meinen wir normalerweise die Münzen und Geldscheine in der Tasche. Aber in unserer Zeit kann man Geld oft nicht mehr in die Tasche stecken, ja nicht einmal mehr anfassen. Es existiert nur noch als elektronische Daten in Computern. Zwar kann man noch immer Geld von der Bank abheben und dann bar bezahlen, aber meist heißt bezahlen, die Daten von einem Computer auf einen anderen zu übertragen. Alles Geschriebene, wie Anweisungen, Quittungen und Schecks, wird allmählich durch computerlesbare Plastikkarten ersetzt.

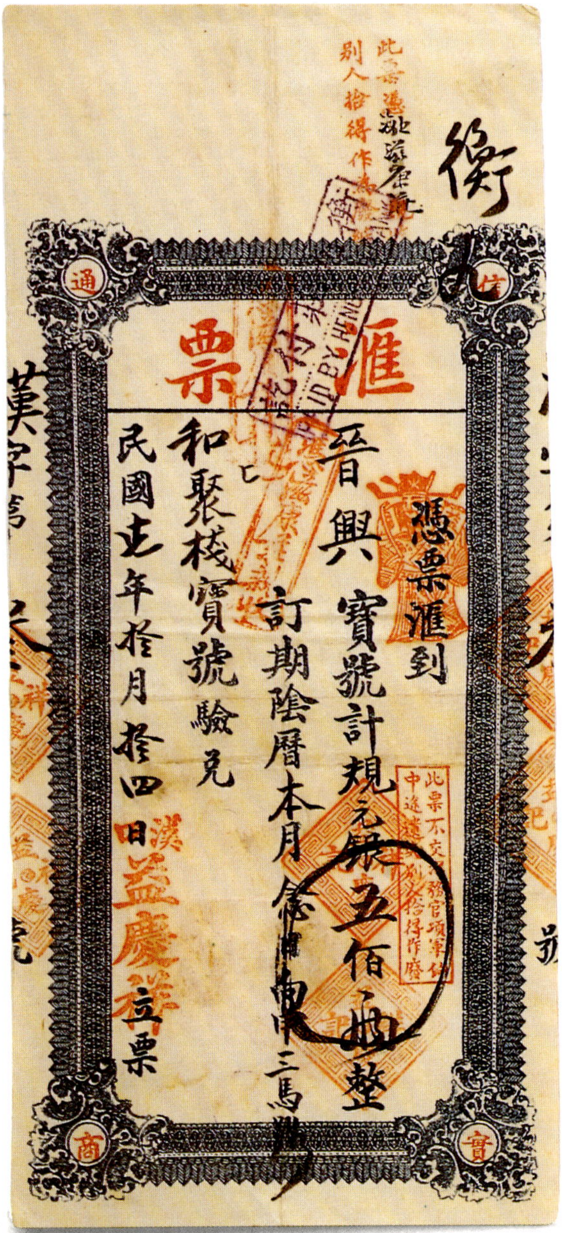

CHINESISCHER WECHSEL
1928 hatte die Bank Yi-King-Xiang in Hangtschu, Zentralchina, auf Vorlage 500 Unzen Silber zu zahlen.

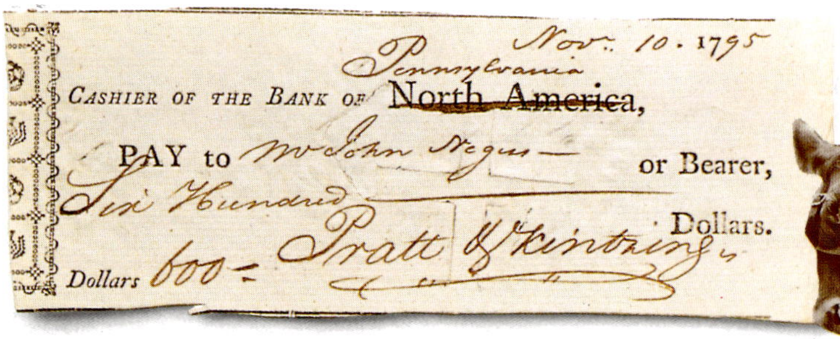

AMERIKANISCHER SCHECK
Eine Bank wird angewiesen, 600 Dollar an einen Mr. John Negus oder an den Überbringer auszuzahlen.

REISE-SCHECKS
Diese Art Scheck empfielt sich für Reisen ins Ausland. Man kauft sie vorher bei der Bank und löst sie am Reiseziel in der jeweiligen Währung ein.

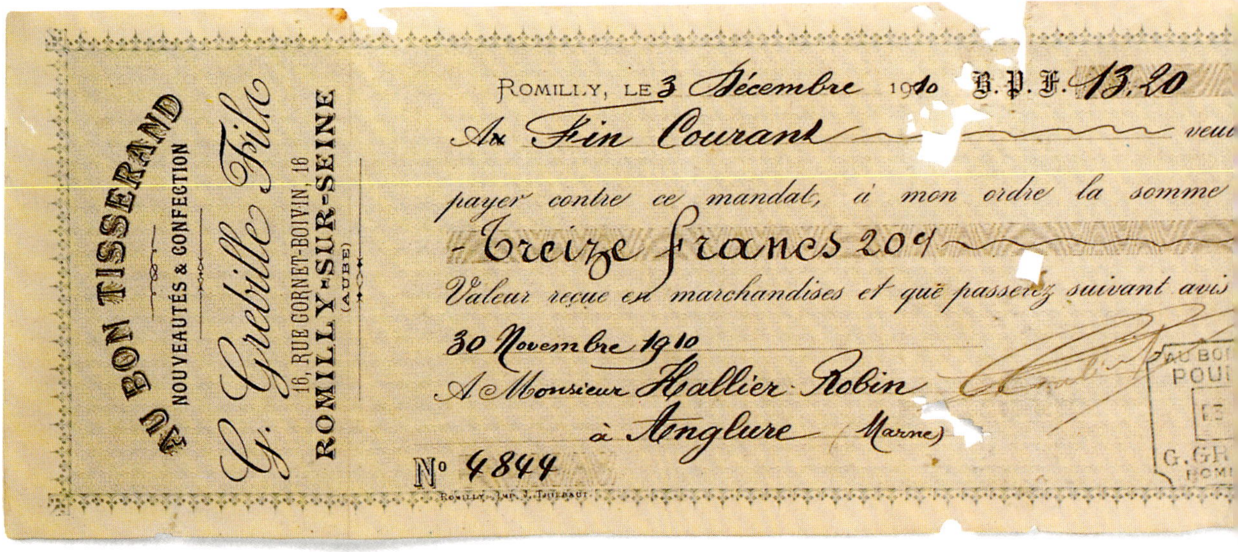

ZAHLUNGS-ANWEISUNG
Ein französisches Bekleidungshaus benutzte diese Anweisung, um 13 Franc und 20 Centimes für gelieferte Ware zu begleichen. Der Stempel in der Ecke bestätigt, daß die fällige Steuer von 5 Centimes bereits bezahlt worden war.

TELEFONKARTEN
Diese Karten werden im voraus bezahlt. Die Kosten für jedes Gespräch von einem öffentlichen Fernsprecher aus werden direkt von der Karte abgezogen.

Oft ist ein Scheck ohne Scheckkarte wertlos (links).

SCHECKKARTEN
Scheckkarten dienen als Sicherheit für Schecks und zum Abheben von Geld aus dem Automaten oder vom eigenen Konto.

Scheckkarten

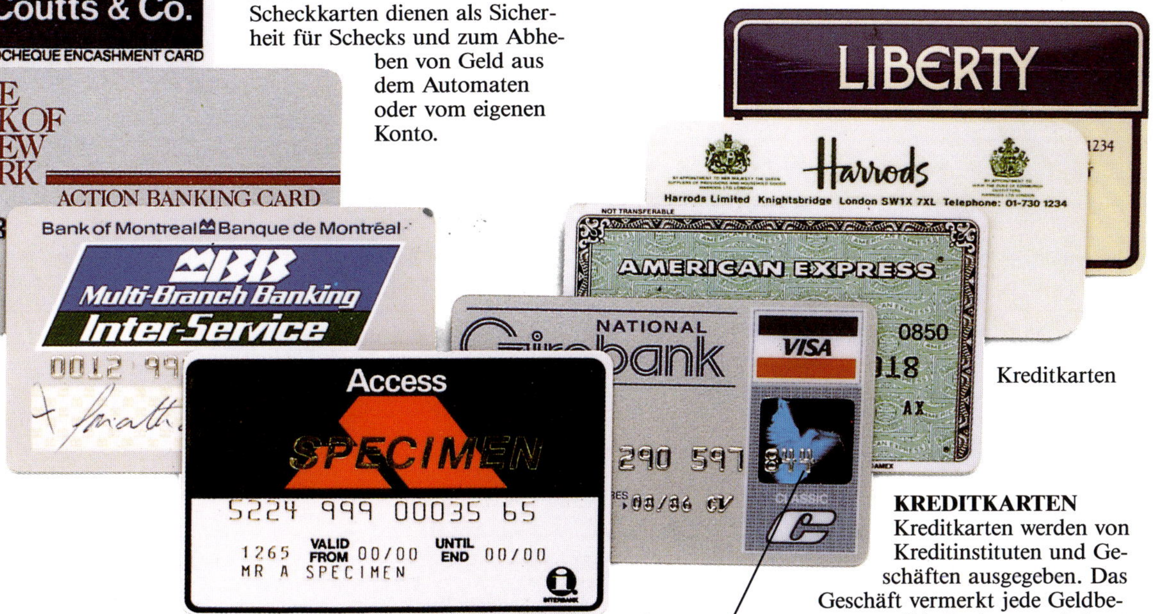

Kreditkarten

Hologramm

KREDITKARTEN
Kreditkarten werden von Kreditinstituten und Geschäften ausgegeben. Das Geschäft vermerkt jede Geldbewegung. Die Rechnung wird später in bar oder mit Scheck bezahlt. So braucht der Kunde keine großen Geldbeträge mehr mit sich zu führen.

1970 erhielt ein Mitarbeiter einer Zeitung sein Honorar in Form eines Schecks, der auf eine Kuh geschrieben war.

Geldautomaten haben die Schlangen vor den Bankschaltern verkürzt.

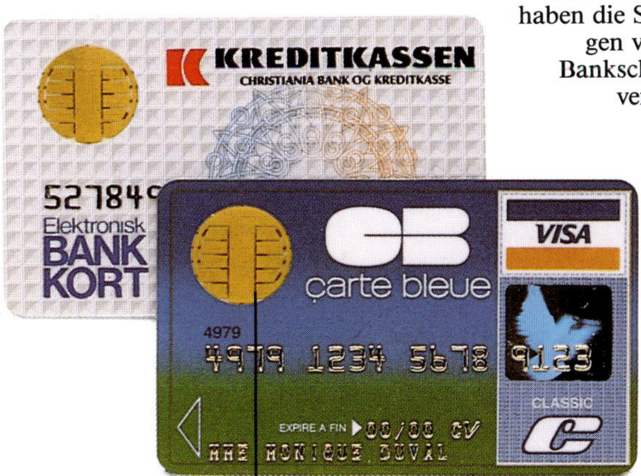

Eingebauter Computer, der Zahlungen vornimmt und sie sich merkt.

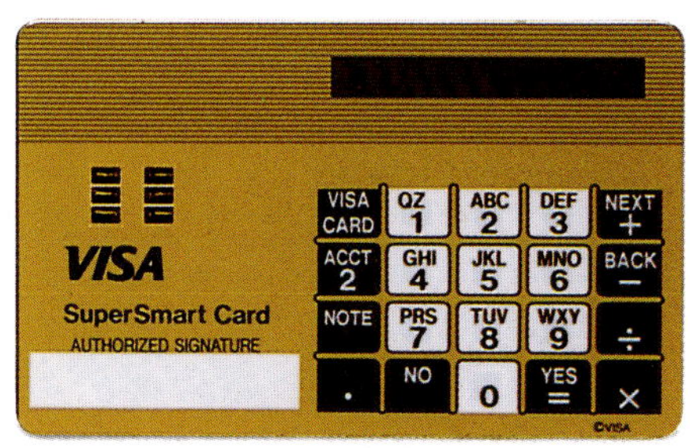

KLUGE KARTEN
Der größte Fortschritt ist nun mit diesen Karten mit eingebautem Rechner gelungen (oben). Der winzig kleine Computer merkt sich jede Geldbewegung. Frankreich war Vorreiter mit seiner Carte Bleu (oben).

MIKROPROZESSOREN
Der Computer hat den Geldverkehr von Grund auf verändert. Ein großer Teil des in der Welt umlaufenden Geldes existiert nur noch als elektrische Ladungen in solchen Chips.

DAS GELD DER ZUKUNFT
In vielen Ländern wird darüber geforscht, wie man Plastikkarten und Computer weiter verbessern kann. Diese Karte zum Beispiel verfügt über einen Rechner mit Tastatur, so daß man damit Zahlungen in verschiedenen Währungen vornehmen kann. Die Informationen in den Chips können vom Benutzer direkt abgelesen werden. Noch ist er nicht auf dem Markt, aber wer weiß, wie das Geld der Zukunft einmal aussehen wird – und ob wir alle Rechnungen werden bezahlen können!

Das Sammeln von Münzen

Aufgrund ihrer Gestaltung und ihrer Inschriften sind Münzen ein Spiegel der Weltgeschichte. Sie erzählen uns etwas über Kaiser, Könige und Fürsten, aber auch über die Kaufleute und den gemeinen Mann, die sie benutzten. Mit am interessantesten ist Sammeln nach Themen. Hier sind Sammlungen von Münzen mit Pferden, Schiffen, Bäumen und Vögeln abgebildet. Die Goldmünzen hier sind sehr alt und sehr teuer, die Münzen im Plastikkasten auf S. 61 unten rechts aber sind leicht erhältlich und erschwinglich.

DER NACHWELT ERHALTEN
Viele Münzen in Sammlerbesitz waren einst aus Vorsicht vergraben worden. Zum Glück für die Sammler konnten die Eigentümer sie nicht mehr bergen oder vergaßen sie einfach.

Eine weiche Zahnbürste verkratzt die Münzen nicht.

Metallspitzen nur mit großer Vorsicht benutzen!

Mit einem Zahnstocher kann man Schmutz entfernen, ohne Kratzer zu hinterlassen. Mit der Kappe eines Kugelschreibers kann man die Münzen gut aus den Kästchen heben.

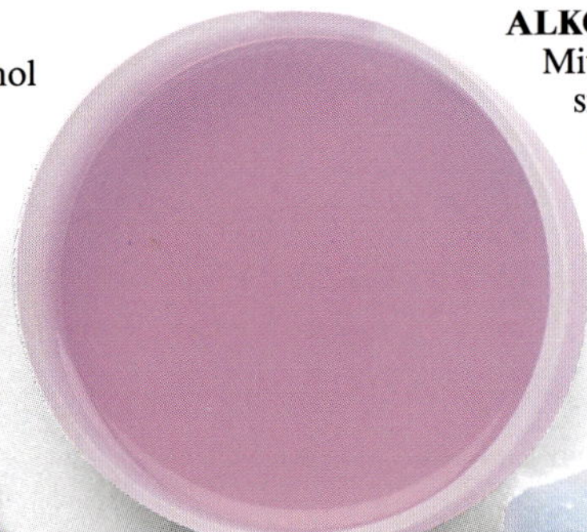

Alkohol

ALKOHOL
Mit alkoholgetränkter Watte lassen sich die Münzen am besten sauberreiben. Der Alkohol entfernt Fett und Oberflächenschmutz.

Wattebäusche

PAPIERTÜTCHEN
Sie greifen die Münzen nicht an, weil Papier keine zersetzenden Säuren enthält. Außerdem kann man sie leicht beschriften.

Eine Lupe ist zum Betrachten feiner Einzelheiten unerläßlich.

PFLEGE DER MÜNZEN
Alte Münzen sind oft sehr schmutzig, weil sie durch viele Hände gegangen sind oder vielleicht sogar vergraben waren. Man reinigt sie am besten mit Seifenwasser oder Alkohol und trocknet sie gut ab. Bei grobem Schmutz hilft eine weiche Zahnbürste oder ein Zahnstocher. Im Zweifel sollte man einen erfahrenen Sammler um Rat bitten und riskante Reinigungsversuche zuerst an wertlosen Stücken ausprobieren!

Was man nicht darf

Gut gepflegte und passend aufbewahrte Münzen sind schöner anzuschauen und vor Rostfraß geschützt. Gewisse Dinge sind unbedingt zu vermeiden: Niemals Metallputzmittel oder Drahtbürsten verwenden! Man sollte die Münzen auch nie in Plastiktütchen stecken; das sieht zwar am Anfang hübsch aus, aber der Kunststoff wird bald klebrig und verdirbt die Münzen. Auch sollte man Münzen nie mit bloßen Fingern anfassen!

Ein Fingerabdruck hat diesen Schmutz verursacht.

Grüner Belag durch Plastiktütchen

Keine Plastiktütchen verwenden! Sie greifen die Münzen an.

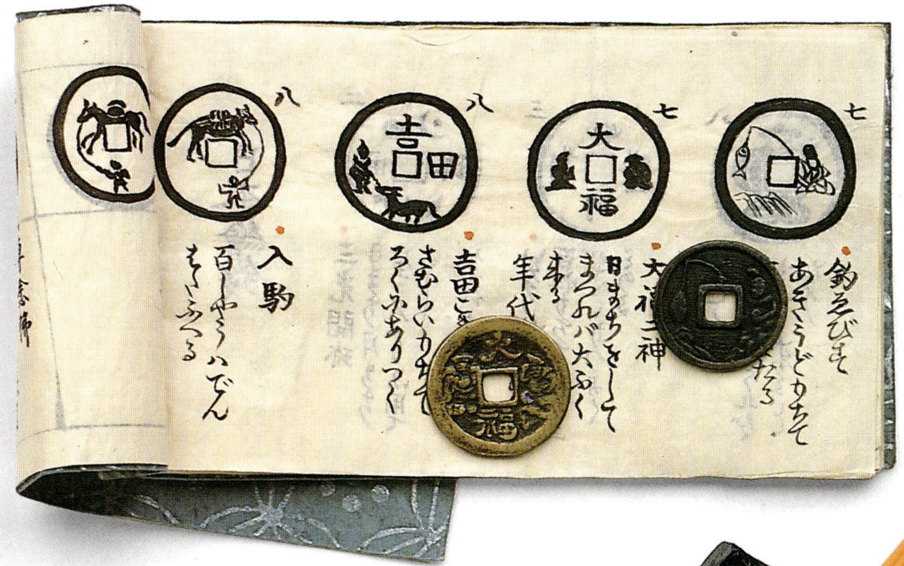

BESTANDSVERZEICHNIS
Man sollte über seine Sammlung Buch führen. Ein japanischer Sammler legte 1812 dieses Verzeichnis seiner chinesischen und japanischen Münzen an. Er skizzierte jede Münze und machte dazu kurze Notizen. Hier zum Vergleich zwei seiner Stücke.

Mit einem Ring aus Metall oder Plastik kann man das Papier festdrücken.

Man kann auch einen Wachsstift anstelle des Bleistifts nehmen.

Ein weicher Bleistift ist gut geeignet.

Dieser lederbezogene Münzkasten aus dem 18. Jh. gehörte einem englischen Adligen.

Goldprägung

ABDRUCK
Es ist nützlich, sich für das Verzeichnis der Münzsammlung die Münzen abzupausen. Man braucht dafür nur Bleistift und Papier. Man legt das Papier auf die Münze, hält es fest und reibt das Relief mit einem Bleistift durch. So entsteht ein Abdruck der Münze.

MÜNZBEHÄLTER
Plastik oder Mahagoniholz eignet sich am besten für alte, wertvolle Stücke. Nehmen Sie kein anderes Holz und keinen Karton, weil die Münzen sonst korrodieren. Für die Goldmünzen eines reichen Sammlers ist das Lederetui geeignet, nicht aber für moderne Münzen aus weniger kostbarem Metall, weil das Leder sie angreifen könnte. Die Münzen in den Plastikkästchen sind jüngeren Datums und für ein Taschengeld zu haben.

Münzen betrachten ist eine fesselnde Sache!

Die Währungen der Welt

Banknoten und Münzen sind auf der ganzen Welt eine alltägliche Sache. Aber jedes Land hat seine eigene Sorte und verbietet normalerweise den Gebrauch fremder Währungen innerhalb seiner Staatsgrenzen. So haben Reisende und Kaufleute die lästige Pflicht, ihr Geld jeweils umzutauschen. Hier folgt eine Liste von Banknoten und Münzen einiger ausgewählter Länder, geographisch geordnet vom Nordwesten bis zum Südosten des betreffenden Kontinents.

AMERIKA

Kanada
Dollar [$] (100 Cent)
Scheine: 1000, 500, 100, 50, 20, 10, 5, 2, 1 Dollar
Münzen: 25, 10, 5, 1 Cent

USA
Dollar [$] (100 Cent)
Scheine: 1000, 500, 100, 50, 20, 10, 5, 2, 1 Dollar
Münzen: 25, 10, 5, 1 Cent

Mexiko
Peso
Scheine: 50000, 20000, 10000, 5000, 2000, 1000, 500 Peso
Münzen: 500, 200, 100, 50, 20, 10, 5, 1 Peso

Kuba
Peso (100 Centavos)
Scheine: 100, 50, 20, 10, 5, 3, 1 Peso
Münzen: 1 Peso; 20, 10, 5, 2, 1 Centavo

Jamaika
Dollar [$] (100 Cent)
Scheine: 100, 20, 10, 5, 2, 1 Dollar
Münzen: 1 Dollar; 50, 25, 20, 10, 5, 1 Cent

Ecuador
Sucre [S/]
Scheine: 1000, 500, 100, 50, 20, 10, 5 Sucre
Münzen: 1 Sucre

Peru
Inti (100 Centimos)
Scheine: 500, 200, 100, 50, 10, 5, 1 Inti
Münzen: 1 Inti; 50, 10, 5 Centimos

Brasilien
Cruzado [Cz $] (100 Centavos)
Scheine: 5000, 1000, 500, 100, 50, 10 Cruzado
Münzen: 50, 10, 5, 1 Cruzado; 50, 20, 10 Centavos

Chile
Peso
Scheine: 5000, 1000, 500, 100 Peso
Münzen: 100, 50, 10, 5, 1 Peso

Argentinien
Australes (100 Centavos)
Scheine: 100, 50, 10, 5, 1 Australes
Münzen: 50, 10, 5, 1, 1/2 Centavo

EUROPA

Island
Króna (100 Aurar)
Scheine: 1000, 500, 100, 50, 10 Króna
Münzen: 10, 5, 1 Króna; 5 Aurar

Irland
Pound/Punt [£] (100 Pence)
Scheine: 100,50, 20, 10, 5, 1 Pound
Münzen: 50, 20, 10, 5, 2, 1 Pence

Großbritannien
Pound [£] (100 Pence)
Scheine: 50, 20, 10, 5 Pound
Münzen: 1 Pound, 50, 20, 10, 5, 2, 1 Pence
Die Währung von England, Schottland, Nordirland, Wales, Isle of Man und die Kanalinseln basiert nun auf dem Pfund Sterling, geteilt in 100 Pennies (S. 46-47).

Dänemark
Krone (100 Öre)
Scheine: 1000, 500, 100, 50, 20 Kronen
Münzen: 20, 10, 5, 2, 1 Krone; 50, 25 Öre

Norwegen
Krone (100 Öre)
Scheine: 1000, 500, 100, 50 Kronen
Münzen: 10, 5, 1 Krone; 50, 25 Öre
Neuer 1000-Kronen-Schein 1990, neuer 500-Kronen-Schein 1991

Schweden
Krone (100 Öre)
Scheine: 10000, 1000, 500, 100, 50, 10 Kronen
Münzen: 10, 5, 1 Krone; 10 Öre

Finnland
Markka (100 Penniä)
Scheine: 1000, 500, 100, 50, 10 Markka
Münzen: 10, 5, 1 Markka; 50, 20, 10, 5, 1 Penniä
Neue 10- und 50-Penniä-Münze 1990

Frankreich
Franc [F] (100 Centimes)
Scheine: 500, 200, 100, 50, 20 Franc
Münzen: 10, 5, 2, 1 Franc; 50, 20, 10, 5 Centimes

Belgien
Franc [BFr] (100 Centimes)
Scheine: 5000, 1000, 500, 100 Franc
Münzen: 50, 20, 10, 5, 1 Franc

Luxemburg
Franc [F] (100 Centimes)
Scheine: 5000, 1000, 500, 100, 50, 20 Franc
Münzen: 10, 5, 1 Franc
(Der BFr ist ebenfalls anerkanntes Zahlungsmittel.)

Niederlande
Gulden [hfl] (100 Cent)
Scheine: 1000, 250, 100, 50, 25, 10, 5 Gulden
Münzen: 5, 21/2, 1 Gulden; 25, 10, 5 Cent

Bundesrepublik Deutschland
Deutsche Mark [DM] (100 Pfennig)
Scheine: 1000, 500, 200, 100, 50, 20, 10, 5 Mark
Münzen: 10, 5, 2, 1 Mark; 50, 10, 5, 2, 1 Pfennig

Schweiz
Franken (100 Rappen/Centimes)
Scheine: 1000, 500, 100, 50, 20, 10 Franken
Münzen: 5, 2, 1 Franken; 50, 20, 10, 5 Rappen

Österreich
Schilling [S] (100 Groschen)
Scheine: 5000, 1000, 500, 100, 50, 20 Schilling
Münzen: 20, 10, 5, 1 Schilling; 50, 10 Groschen

Slowakei
Slowakische Krone [Sk] (100 Heller [h])
Scheine: 5000, 1000, 500, 200, 100, 50, 20 Slowakische Kronen
Münzen: 10, 5, 2, 1 Slowakische Krone; 50, 20, 10 Heller

Tschechien
Tschechische Krone [Kč] (100 Heller [H])
Scheine: 5000, 2000, 1000, 500, 200, 100, 50, 20 Tschechische Kronen
Münzen: 50, 20, 10, 5, 2, 1 Tschechische Krone; 50, 20, 10 Heller

Rußland
Rubel
Scheine: 100.000, 50.000, 10.000, 5000, 1000, 500, 100 Rubel
Münzen: 100, 50, 20, 10, 5, 1 Rubel

Polen
Zloty (100 Groszy)
Scheine: 20000, 10000, 5000, 2000, 1000, 500, 200, 100, 50 Zloty
Münzen: 20, 10, 5, 2, 1 Zloty; 50, 20, 10 Gruszy

Portugal
Escudo (100 Centavos)
Scheine: 5000, 1000, 500, 100 Escudo
Münzen: 50, 25, 20, 10, 5, 21/2, 1 Escudo; 50 Centavos

Spanien
Peseta [Pta]
Scheine: 5000, 2000, 1000, 500, 200, 100 Peseta
Münzen: 200, 100, 50, 25, 10, 5, 2, 1 Peseta

Italien
Lira [L] (100 Centesimi)
Scheine: 100000, 50000, 20000, 10000, 5000, 2000, 1000 Lire
Münzen: 500, 200, 100, 50, 20, 10, 5 Lire

Ungarn
Forint (100 Filler)
Scheine: 1000, 500, 100, 50, 20, 10 Forint
Münzen: 20, 10, 5, 2, 1 Forint; 50, 20, 10 Filler

Griechenland
Drachme (100 Lepta)
Scheine: 5000, 1000, 500, 100, 50 Drachmen
Münzen: 50, 20, 10, 5, 2, 1 Drachme; 50 Lepta

Zypern
Pfund [£] (100 Cent)
Scheine: 10, 5, 1 Pfund; 50 Cent
Münzen: 20, 10, 5, 2, 1, 1/2 Cent

AFRIKA

Marokko
Dirham [DH] (100 Centimes)
Scheine: 100, 50, 10, 5 Dirham
Münzen: 5, 1 Dirham; 50, 20, 10, 5 Centimes

Algerien
Dinar [DA] (100 Centimes)
Scheine: 200, 100, 50, 20, 10 Dinar
Münzen: 10, 5, 1 Dinar; 50, 10, 5 Centimes

Ägypten
Pfund [Ä£] (100 Piaster)
Scheine: 100, 50, 20, 10, 5, 1 Pfund; 50, 25 Piaster
Münzen: 5, 1 Pfund; 20, 10, 5, 2, 1 Piaster

Sudan
Pfund [S£] (100 Piaster; 100 Milliemes)
Scheine: 50, 20, 10, 5, 1 Pfund; 50, 25 Piaster
Münzen: 50, 10, 5, 2 Piaster; 10, 5, 2, 1 Milliemes

Äthiopien
Birr (100 Cent)
Scheine: 100, 50, 10, 5, 1 Birr
Münzen: 50, 25, 10, 5, 1 Cent

Nigeria
Naira (100 Kobo)
Scheine: 20, 10, 5, 1 Naira; 50 Kobo
Münzen: 25, 10, 5, 1, 1/2 Kobo

Kenia
Schilling [Sh] (100 Cent)
Scheine: 200, 100, 50, 20, 10 Schilling
Münzen: 5, 1 Schilling; 50, 10, 5 Cent

Sambia
Kwacha [K] (100 Ngwee)
Scheine: 20, 10, 5, 2, 1 Kwacha
Münzen: 50, 20, 10, 5, 1 Ngwee

Botswana
Pula (100 Thebe)
Scheine: 20, 10, 5, 2, 1 Pula
Münzen: 1 Pula; 50, 25, 10, 5, 2, 1 Thebe

Simbabwe
Dollar [Z$] (100 Cent)
Scheine: 20, 10, 5, 2, 1 Dollar
Münzen: 1 Dollar; 50, 20, 10, 5, 1 Cent

Südafrika
Rand [R] (100 Cent)
Scheine: 50, 20, 10, 5 Rand
Münzen: 2, 1 Rand; 50, 20, 10, 5, 2, 1 Cent

ASIEN

Türkei
Lira [TL]
Scheine: 10000, 5000, 1000, 500, 100, 50 Lira
Münzen: 100, 50, 25, 20, 10, 5, 1 Lira

Israel
Neuer Schekel (100 Arogot)
Scheine: 100, 50, 10, 5, 1 Neue Schekel
Münzen: 1 Neuer Schekel; 50, 10, 5, 1, 1/2 Arogot

Irak
Dinar (1000 Fils)
Scheine: 25, 10, 5, 1, 1/2, 1/4 Dinar
Münzen: 100, 50, 25, 10, 5, 1 Fils

Saudi-Arabien
Riyal (20 Qirsh oder 100 Hallalas)
Scheine: 500, 100, 50, 10, 5, 1 Riyal
Münzen: 100, 50, 25, 10, 5, 1 Hallalas

Iran
Rial (100 Dinar)
Scheine: 10000, 5000, 2000, 1000, 500, 200, 100 Rial
Münzen: 50, 20, 10, 5, 2, 1 Rial; 50 Dinars

Pakistan
Rupie [pR] (100 Paisa)
Scheine: 500, 100, 50, 10, 5, 2, 1 Rupie
Münzen: 1 Rupie; 50, 25, 10, 5, 1 Paisa

Indien
Rupie [iR] (100 Paise)
Scheine: 1000, 500, 100, 50, 20, 10, 5, 2, 1 Rupie
Münzen: 2, 1 Rupie; 50, 25, 20 Paise

Sri Lanka
Rupie [S.L.R] (100 Cent)
Scheine: 1000, 500, 100, 50, 20, 10, 5, 2 Rupien
Münzen: 5, 2, 1 Rupie; 50, 25, 10, 5, 2, 1 Cent

China
Yuan [RMB.] (10 Jiao; 100 Fen)
Scheine: 10, 5, 2, 1 Yuan; 5, 2, 1 Jiao
Münzen: 1 Yuan; 5, 2, 1 Jiao; 5, 2, 1 Fen

Bangladesch
Taka (100 Poisha)
Scheine: 500, 100, 50, 20, 10, 1 Taka
Münzen: 1 Taka; 50, 25, 10, 5, 1 Poisha

Myanmar (Birma)
Kyat (100 Pyas)
Scheine: 90, 45, 15, 10, 5, 1 Kyat
Münzen: 1 Kyat; 50, 25, 10, 5, 1 Pyas

Thailand
Baht (100 Stangs)
Scheine: 500, 100, 50, 20, 10, 5 Baht
Münzen: 5, 2, 1 Baht; 50, 25 Stangs

Japan
Yen [] (100 Sen)
Scheine: 10000, 5000, 1000, 500 Yen
Münzen: 500, 100, 50, 10, 5 Yen

Singapur
Dollar [$] (100 Cent)
Scheine: 10000, 1000, 500, 100, 50, 20, 10, 5, 1 Dollar
Münzen: 1 Dollar; 50, 20, 10, 5, 1 Cent

AUSTRALIEN UND OZEANIEN

Australien
Dollar [$] (100 Cent)
Scheine: 100, 50, 20, 10, 5, 2 Dollar
Münzen: 2, 1 Dollar; 50, 20 10, 5, 2, 1 Cent

Papua-Neuguinea
Kina (100 Tooa)
Scheine: 20, 10, 5, 2 Kina
Münzen: 1 Kina; 20, 10, 5, 2, 1 Tooa

Fidschi
Dollar [$] (100 Cent)
Scheine: 20, 10, 5, 2, 1 Dollar
Münzen: 20, 10, 5, 1 Cent

Neuseeland
Dollar [$] (100 Cent)
Scheine: 100, 50, 20, 10, 5, 2, 1 Dollar
Münzen: 50, 20, 10, 5, 2, 1 Cent
Neue 1-Dollar- und 2-Dollar-Münzen 1990

Index

Bildnachweis

(o=oben, u=unten, m=Mitte, l=links, r=rechts)
Aldus Archiv: 22ul, 37or, 51m
Ancient Art & Architecture Collection: 6um
British Library: 60o
British Museum: 7ol, 17, 40m, 46m, 60u
Bürgerbibliothek, Bern: 32m
J.Allan Cash Photolibrary: 8ur, 36mr, 56ml
Dennis R.Cooper: 30o
E.T.Archiv: 34ul, 52m
Mary Evans Picture Library: 80l, 22m, 24ol, 25 ml, 31r, 35ml, 36om, 38u, 39ol, 42ol, 46u, 50, 53m, 56or
Fotomas Index: 21ol
Robert Harding Picture Library: 29um, 30u, 38ol
Michael Holford: 11mr, 46ol
Hulton-Deutsch: 33or, 57u
Hutchinson Library: 52ol
Mansell Collection: 13m, 40ol, 42ul
National Portrait Gallery, London: 34mr
Peter Newark's Pictures: 28ol, 48,49
Pollock's Toy Museum, London: 56u
Popperfoto: 29mr
Punch: 58-59m
Louvre/c.Réunion des Musées Nationaux: 34ol
The Royal Mint: 14-15
Spectrum Colour Library: 41l
Worthing Museum & Art Gallery: 57mr
Zefa: 12mr, 27ul, 28ul, 42mr, 59um

Illustrationen: Thomas Keenes: 10m, 20m, 54o&u, 55o&u
Kathleen McDougall: 12o, 32o

Bildredaktion: Kathy Lockley

Die Gegenstände auf den folgenden Seiten sind verkleinert dargestellt: S.6-7; 8-9; 12-13; 14-15; 26-27; 56-57; 58-59; 60-61.

Alle gültigen Banknoten sind verkleinert abgebildet. Die gesetzlichen Bestimmungen einiger Länder erlauben nur eine Schwarz-Weiß-Darstellung, Kanada verbietet die Abbildung seiner heute gültigen Banknoten ganz.

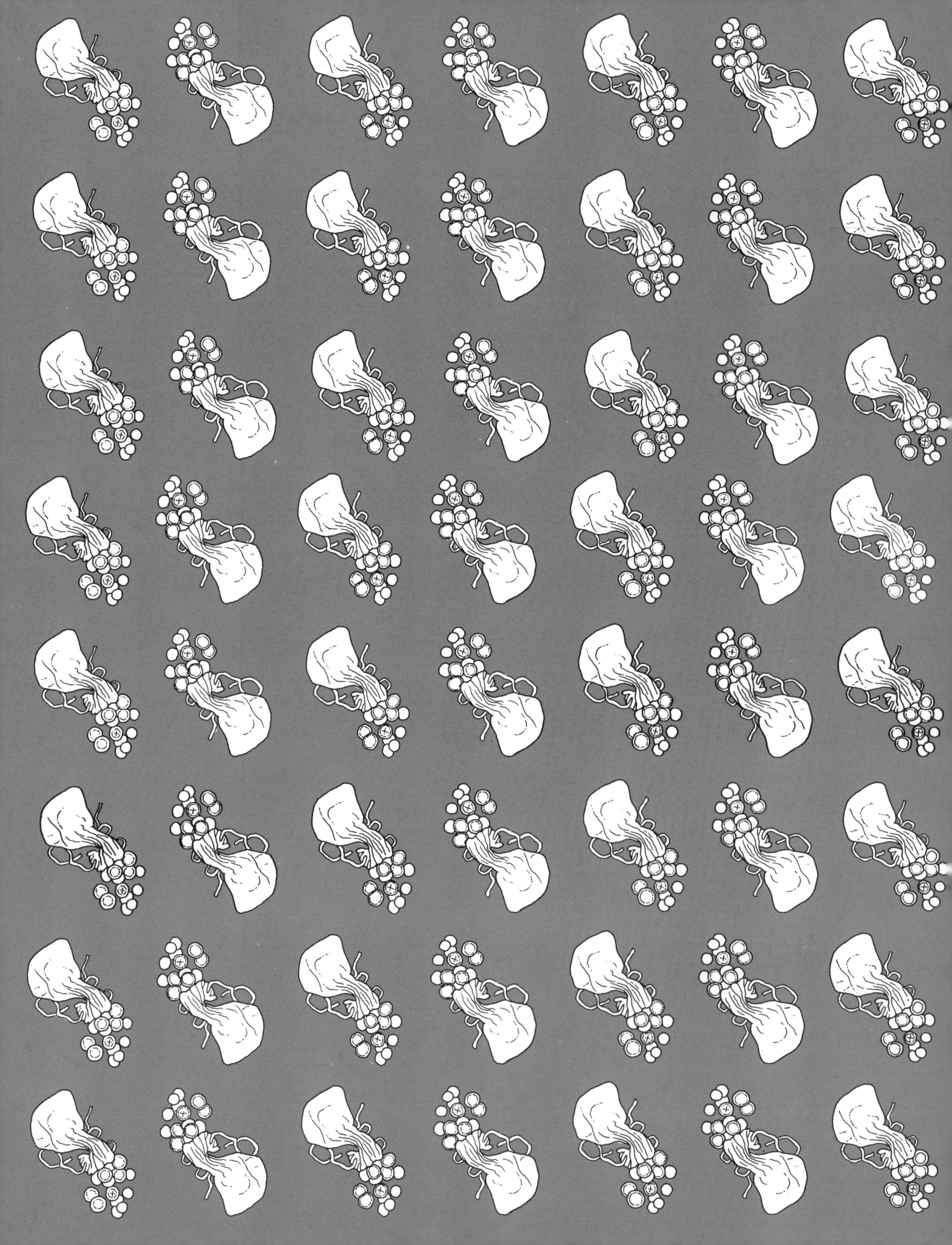